Sekrety, Których Mama Nie Powiedziała Ci o Mężczyznach™

"Podręcznik wspaniałego seksu"

Cv Pillay

SuccSex Guru™ Celebrytów
Bestsellerowy Autor & Laureat Nagrody
"The What Women Want To Know Authority"
Motywacyjny Mówca o międzynarodowej sławie
Finalista Konkursu na Przedsiębiorcę Roku 2015 w RPA
Scenarzysta

Sekrety, Których Mama Nie Powiedziała Ci o Mężczyznach™

Tytuł oryginału:
The Secrets Your Mama Didn't Tell You About Men™

"The MANual To Amazing SEX"

Cv Pillay

Wszelkie prawa zastrzeżone.
Cv Pillay jest uznany za Autora tego Dzieła zgodnie z Ustawą z 1988 r. o Prawie autorskim, wzorach przemysłowych oraz patentach.

Wszelkie prawa zastrzeżone. Żadna część niniejszej książki nie może być reprodukowana w jakiejkolwiek formie i w jakikolwiek sposób bez pisemnej zgody, (z wyjątkiem krótkich cytatów w artykułach krytycznych i recenzjach). Każda osoba, która w jakimkolwiek stopniu naruszyła prawa autorskie, może być pociągnięta do odpowiedzialności karnej i postępowania cywilnego o odszkodowanie.

ISBN 978-0-9929282-3-0

Polish Edition 2015
Wydanie pierwsze

Printed in the United Kingdom

Książka jest dostępna w sprzedaży on-line i wszystkich dobrych księgarniach oraz jest częścią moich programów coachingowych.

Grafika: Dagmara Rosiak (www.digirigi.com)
Z angielskiego przełożyła: Katarzyna Zossel (www.PantherBusiness.co.uk)

Copyright © by Cv Pillay, 2015

Przedmowa

Możesz zastawiać się dlaczego, spośród wielu innych już dostępnych, miałabyś kupić akurat tę książkę. Znakomity tytuł, "Sekrety, Których Mama Nie Powiedziała Ci o Mężczyznach" mówi sam za siebie dając odpowiedzi na większość pytań, które kobiety zwykle zadają, a na które nikt nie ma, bądź nie chce odpowiadać. Ta książka dostarcza Ci gotowych rozwiązań, więc nie musisz ich już sama szukać i na sobie próbować. Istnieje wiele książek o seksie, ale żadna nie zawiera ćwiczeń do wykonania po przeczytaniu każdego z rozdziałów.

Cv Pillay napisał książkę o seksie, podręcznik samopomocy, który w najmniej oczekiwany dla Ciebie sposób, doda pikanterii Twojemu życiu. Wiem, że bardzo Ci się spodoba. Ta książka jest nie tylko o tym "Jak zdobyć Tego Faceta", ale o tym, jak zatrzymać go przy sobie, ponieważ on chce być właśnie z Tobą.

Raymond Aaron
Bestsellerowy Autor New York Timesa
"Double Your Income Doing What You Love"

Sekrety, Których Mama Nie Powiedziała Ci o Mężczyznach™

Klauzula odpowiedzialności
– Proszę przeczytaj

Jakkolwiek czytelnik może uważać zawartość tej książki za pożyteczną, a opisane w tej książce techniki lub gry skuteczne, jest oczywistym, iż ani autor, ani dom wydawniczy nie ponoszą odpowiedzialności za opisane tu porady, które mogą zostać uznane natury medycznej, psychologicznej, emocjonalnej, seksualnej lub duchowej.

Żaden z opisanych w tej książce przypadków nie jest uznany za diagnozę choroby, zalecenie lekarskie, rekomendację leczenia jakichkolwiek zaburzeń natury medycznej, psychologicznej, emocjonalnej, seksualnej lub duchowej. Każda osoba ma indywidualne potrzeby i książka nie może im wszystkim sprostać. Każda osoba, w trosce o swoje zdrowie, powinna skontaktować się z wykwalifikowanym lekarzem, terapeutą lub innym profesjonalistą w celu opracowania programu zapobiegawczego lub leczenia. Każda osoba zarażona chorobą weneryczną lub innym schorzeniem narządów rozrodczych powinna skonsultować się z lekarzem zanim przystąpi do wykonywania ćwiczeń opisanych w tej książce.

Złota Myśl

Nie możesz zmienić swojej przeszłości lecz...
Możesz zmienić swoją przyszłość

Sekrety, Których Mama Nie Powiedziała Ci o Mężczyznach™

O autorze

Jestem SuccSex Guru Celebrytów oraz ekspertem w wyzwalaniu wewnętrznej energii seksualnej. Wykorzystuję przy tym Waszą nowo odkrytą moc aby pomóc Wam w uzewnętrznieniu najwiekszych zamiarów i stworzyć styl życia, o którym marzycie. Zabiorę Wasz umysł w podróż do krainy bez tabu. Wprowadzając Waszą energię w nowy wymiar komunikacji: seksualny, żeński i męski, sprawię, że swobodnie staniecie się, tym kim pragniecie być.

Nauczę Was również jak odblokować wrodzoną energię seksualną, która definiuje każdego z Was jako niepowtarzalną jednostkę. Staniecie się wtenczas nową osobą, prawdziwą „Seks Bombą", którą ten „jeden jedyny" lub ta „jedna jedyna" będzie wprost zahipnotyzowana/-y.

Złota Myśl
Nasze Drogi Nie Zeszły Się Przypadkowo.

Sekrety, Których Mama Nie Powiedziała Ci o Mężczyznach™

Jeśli chcesz być na bieżąco, oto moje dane:

LinkedIn: Cv Pillay

Twitter: @Cvc4v

Skype: C4v.ltd

Instagram: CvPillay

Facebook: Cv.co.uk

Google: +CvPillay

Najlepszy sposób na streszczenie tej książki:
John Gray + Pięćdziesiąt twarzy Greya = Sekrety, Których Mama Nie Powiedziała Ci o Mężczyznach.

W terapii używam seksu jako metafory. Oto co mój SuccSex Coaching pomoże Ci osiągnąć:

♦ Szczytowa wydajność / Maksymalizacja potencjału

♦ Wytyczanie celów / Przejście do działania

♦ Jasność myślenia

♦ Zerwanie z prokrastynacją

♦ Równowaga w Pracy/Życiu/Seksie

"Podręcznik wspaniałego seksu"

- Kariera zawodowa/Finanse
- Randki/Związki
- Pewność siebie/Poglądy dot. seksu
- Motywacja/Poziom energii
- Rozwój osobisty
- Zainteresowania/Pasje
- Redukcja stresu
- Zdrowie/Dobre samopoczucie
- Utrata/Przybieranie wagi
- Uzależnienia/Złe nawyki
- Zarządzanie czasem
- Umiejętności komunikowania w społeczeństwie
- Start-up
- Przywództwo
- Techniki rozmowy
- Mowa Ciała
- Przemawianie
- Udane Pożycie

Sekrety, Których Mama Nie Powiedziała Ci o Mężczyznach™

Podziękowania

Mojej Mamie

Dziękuję Ci za miłość i wskazówki, które od Ciebie otrzymałem. Dziękuję za ciągły doping w dążeniu do, i realizacji moich marzeń. Kocham Cię.

Moim Mentorom i Trenerom
(począwszy od 1999r.)

Anthony "Tony" Robbins,
Richard Bandler,
Raymond Aaron, T. Harv Eker,
Blair Singer, John Gray,
Wayne Dyer, Oprah Winfrey,
Deepak Chopra, Paulo Coelho
Milton Erickson, Napoleon Hill,
Dale Carnegie,
Mahatma Gandhi oraz Nelson Mandela.

W przełomowych momentach mojego życia, wszyscy jesteście dla mnie inspirującymi przywódcami i jestem wdzięczny za wszystko, czego się od Was nauczyłem.

Sekrety, Których Mama Nie Powiedziała Ci o Mężczyznach™

Jak czytać tę książkę

Książka ta nie jest powieścią i nie polecam jej tak rozumieć. To jest podręcznik do nauki zestawu idei, które wzmocnią Twój związek i doznania seksualne. Tak jak każdy podręcznik, tę książkę powinno się przeczytać kilkakrotnie. W dzisiejszym zabieganym świecie potrzebujemy zrozumieć i ustalić, co jest dla nas najważniejsze. Książka jest napisana w łatwym do czytania formacie aby dostarczyć optymalnych informacji w jak najkrótszym czasie, co pozwoli Ci na natychmiastowe czerpanie korzyści.

Oczywiście, mamy różne typy czytelników. Są *„podjadki"*, którzy przeczytają trochę, a za jakiś czas jeszcze trochę. Są czytelnicy umiarkowani, którzy wcale się nie spieszą, ale są też i żarłoczni, którzy połykają całą książkę na raz. Z pewnością znajdą się też i tacy, którzy czytają do poduszki po to tylko, aby doczytać ciekawostki, odzyskać koncentrację i pobudzić energię. ZŁOTE MYŚLI, które znajdziecie

Sekrety, Których Mama Nie Powiedziała Ci o Mężczyznach™ w całej książce są pożyteczne dla każdego, a zwłaszcza dla „Poduszkowców". Nie ma złego sposobu czytania tej książki. Jestem przekonany, że przemyślenia i pomysły w niej zawarte mogą pomóc w poprawie Twoich relacji intymnych. Tylko w jednym przypadku książka nie zda egzaminu - kiedy jej nie skończysz czytać!

PS. Kiedy widzisz słowa „Zanotuj", to zapisz swoje przemyślenia. To odblokuje Twój umysł!! Zauważysz zmianę w sposobie Twojego myślenia. Ponieważ to jest wersja Kindle, przygotuj sobie notatnik i długopis. Czytaj tę książkę z otwartym umysłem. Napisałem ją dla Ciebie, abyś ją przeczytała i wypróbowała ćwiczenia, a w konsekwencji osiągnęła to, czego pragniesz „świetny seks".

Złota Myśl

Nie kończenie czego zacząłeś, jest jak otwarcie prezerwatywy i nie użycie jej.

Sekrety, Których Mama Nie Powiedziała Ci o Mężczyznach™

SPIS TREŚCI

Podstawowe Założenia Tej Książki………………….12

Quiz O Sobie Samej………..…………………….…..15

Korzyści Ze Wspaniałego Seksu………………….…18

Częste Błędy W Związku……………………………20

Quiz O Twoim Mężczyźnie………...…………….…..36

Zabawy, Które Twój Mężczyzna Chciałby Wypróbować………………………………….……..39

Dziecięce Zabawy Z Twoim Mężczyzną……………..56

Wymyśl Nowy Styl Seksu……………………………62

Mowa Ciała, Powiedz Nam Czego Chcesz…………..66

Techniki Blowjob…………………………………….69

Czy Masz Ochotę Go Skrępować?.......................79

Skonsumuj Z Twoim Mężczyzną, Czyli Bardzo Seksowne Jedzenie……………...…………….83

Zrozumieć Jego Fantazje………………………….....90

Odgrywać Role Czy Nie …………...………...….…104

Czas Na Pytania I Odpowiedzi………………....112

Złote Myśli………………………………….......119

Kurtyna Zapadła…………………………….…...126

Sekrety, Których Mama Nie Powiedziała Ci o Mężczyznach™

PODSTAWOWE ZAŁOŻENIA TEJ KSIĄŻKI

Czy wiesz, że …90% książek o związkach jest pisane przez starające się zrozumieć seks i mężczyzn kobiety. Czy chcesz dostać się do umysłu Twojego faceta? Nie pytaj kobiety, zapytaj mnie, mężczyznę. Ta książka pomoże Ci znaleźć odpowiedzi na pytania „jak bardziej kochać Twojego mężczyznę" i „jak zrozumieć jego ciało i umysł". Gdzie należy szukać źródła „znakomitego seksu"? w TOBIE! Nauczyłaś się tego od wszystkich wokoło. W pewnym momencie Twojego życia o tym usłyszałaś, widziałaś, poczułaś i w większości przypadków, również doświadczyłaś (dobrze wiesz o czym mówię). Dlatego też mogę stwierdzić „nie wszystko opisane w tej książce będzie dla Ciebie nowe". Niektóre gry i zabawy, które wymyśliłem są nowe!! …i będziesz je uwielbiać!! Pierwszym i podstawowym założeniem tej książki jest następujące

Sekrety, Których Mama Nie Powiedziała Ci o Mężczyznach™

przesłanie: Twoje życie jest cennym darem, który został powierzony Ci w chwili urodzin. Otrzymałaś ciało, umysł wraz z zestawem talentów i ograniczeń do wykorzystania. Tylko od Ciebie zależy czy, i jak wykorzystasz swoje zasoby. Celem życia jest osiągnięcie pełni pozostając wiernym naturze i wykorzystując swój potencjał. Prawdopodobnie zastanawiasz się teraz, co to ma wspólnego z tą książką ? Jej sekret może znajdować się w zdaniu, myśli lub błędzie, który możesz popełniać będąc w związku. Seks jest strategiczną częścią Twojego życia, jeśli nie najważniejszą, "Gdyby tego dnia Twoi rodzice nie uprawiali by seksu…" (wiesz o czym mówię), nie czytałabyś teraz tej książki. Zrozumiałym jest, i muszę to podkreślić, że tak jest w większości przypadków. A teraz myślisz o rodzicach uprawiających seks! No dobra, możesz…

ALE WYSTARCZY!!

Seks jest również doskonałym źródłem przyjemności,

"Podręcznik wspaniałego seksu"

radości i zabawy. Doświadczenia życiowe są samopoznawczym programem, który umożliwia Ci rozwinąć swoje dary i talenty. Jeśli porównamy życie do szkoły, przedmiot "Seks i Relacje intymne" nie musi być dla zaawansowanych. Jeśli przyjmiesz tę książkę jako okazję do zdobycia wiedzy o sobie samej, a następnie bystrze zastosujesz ją w relacjach z Twoim Partnerem, prawie zawsze będziesz się czuła szczęśliwa. Kończąc lekturę, zabierz się do wypróbowania ćwiczeń z pięciu pierwszych rozdziałów. Jeśli nadal nie będziesz w stanie poradzić sobie z sytuacją w związku, będę mógł stwierdzić, że w Twoim przypadku, moja książka jest fiaskiem. Jak mawiał Herbert Spencer, "wielkim celem edukacji nie jest wiedza lecz akcja", a książka ta wymaga od Ciebie akcji.

Złota Myśl

Przy braku akcji, nawet zwycięstwo nie przyniesie owoców.

Sekrety, Których Mama Nie Powiedziała Ci o Mężczyznach™

QUIZ O SOBIE SAMEJ

Wybierz odpowiedzi, które najlepiej do Ciebie pasują. Odpowiedz na pytania pierwszą, która przyjdzie Ci na myśl opcją. Za pomocą tego prostego quizu, dużo się o sobie dowiesz.

Przygotuj kartkę i ołówek do zapisania odpowiedzi:

1. Jak mężczyźni oceniają Cię w roli kochanki?
   a) Nie mogą się mi oprzeć
   b) Mam nadzieję, że raczej dobrze
   c) Nikt się jeszcze nie skarżył
   d) A czy to ważne?

2. Czy zależy Ci, aby Twój Mężczyzna osiągał orgazm?
   a) Mój partner zawsze szczytuje
   b) Bardzo
   c) Nie jest to najważniejsze
   d) Dlaczego? Czy wszyscy muszą przeżywać orgazm?

3. Gdzie najbardziej lubisz się kochać?
   a) Na ciele mojego partnera

b) Na materacu
c) Na miękkiej, zielonej trawie
d) Gdziekolwiek, aby tylko dobrze się bawić

4. Co jest najważniejsze, aby przeżyć wspaniały seks?
a) Kondycja fizyczna
b) Wyobraźnia
c) Idealne ciało
d) Inteligencja

5. Czy zamiast dokończenia quizu masz TERAZ ochotę na seks?
a) Tak
b) Czy to pytanie jest podchwytliwe?
c) Nie, dopóki nie zobaczę mojego wyniku
d) Tylko, gdy obiecasz, że będzie warto

Złota Myśl

*Twoje życie seksualne składa się z wyborów
I z tego, co cenisz najbardziej.*

Sekrety, Których Mama Nie Powiedziała Ci o Mężczyznach™

Punktacja

(1.) a = 2, b = 4, c = 3, d = 1
(2.) a = 3, b = 4, c = 2, d = 1
(3.) a = 3, b = 4, c = 2, d = 1
(4.) a = 2, b = 4, c = 1, d = 3
(5.) a = 4, b = 3, c = 2, d = 1

16–20.
Jeśli na skali jesteś zdecydowanie po tej stronie, jesteś prawdziwie dziką seksbombą. Dużo czasu spędzasz na myśleniu o, i uprawianiu seksu. Prawidłowo odpowiadasz potrzebom Twojego mężczyzny.

11–15.
Jeszcze nie błyszczysz, ale przynajmniej próbujesz. Przyjmij zasadę, że musisz dąć z siebie tyle, ile sama chcesz otrzymać.

6–10.
Zrób sobie i swojemu Partnerowi przyjemność, przeczytaj tę książkę parę razy dopóki nie zrozumiesz, o co w tym chodzi.

0–5.
Poszukaj w słowniku hasła *Celibat* i stosuj przez resztę życia.

Sekrety, Których Mama Nie Powiedziała Ci o Mężczyznach™

KORZYŚCI ZE WSPANIAŁEGO SEKSU

1. Jest to bardzo skuteczna i przystępna terapia związku. Praktykowanie technik zrozumienia i komunikacji opisanych w tej książce, wielce przyczyni się do poprawy Twoich umiejętności w kwestiach damsko-męskich.

2. Gwarantuje Ci dobrą kondycję emocjonalną. W życiu, szczęście i spełnienie są efektem „ubocznym" znakomitych relacji intymnych.

3. Twój Mężczyzna naprawdę doceni błogość związku z Tobą.

4. Długie, seksowne, kreatywne i przystępne randki. Ty i Twój Partner nauczycie się cenić wspólnie spędzony czas oraz z uśmiechem korzystać z każdej sekundy.

5. Wiedza, porady i pomysły, którymi możesz podzielić się z Twoimi przyjaciółkami. Możesz

zdradzić im kilka tajników, aby pomóc ulepszyć również ich związek.

6. Gwarantuje Ci zdrowie psychiczne. Dobry seks sprzyja lepszej samoocenie, wzmacnia więź z Twoim Partnerem i wpływa uspokajająco.

7. Będziesz wyglądać olśniewająco, wiedząc, że jesteś świetną kochanką.

8. O wiele bardziej zrozumiesz Partnera.

9. Będziecie mieć więcej ze sobą wspólnego.

Dodaj inne korzyści:

Zanotuj.

_____

_____

_____

_____

_____

Złota Myśl

Abstynencja w łóżku, to jak samochód bez kół. Nikt nigdzie nie pojedzie.

Sekrety, Których Mama Nie Powiedziała Ci o Mężczyznach™

CZĘSTE BŁĘDY W ZWIĄZKU

Kiedy traktujesz Twojego mężczyznę jak dziecko i zachowujesz się jak jego matka

Na początek, chce żebyś się zastanowiła. Czy kiedykolwiek byłaś z mężczyzną i kiedy był chory traktowałaś go jak dziecko? Dałaś mu reprymendę za to, że nie odebrał telefonu? Notorycznie przypominałaś o rzeczach, o których sam powinien pamiętać? to sprawia, że on czuje się jak dziecko, a Ty zachowujesz się jak jego matka.

A najgorsze w tym to, że kiedy przejmujesz jego obowiązki zakładasz, że on nie może ich wykonać prawidłowo. Co się dzieje kiedy tak robisz? Twój Mężczyzna, czuje się jak pod opieką matki i zachowuje się jak Twoje dziecko.
To jest właściwie dość zabawny temat. Czy kiedykolwiek powiedziałaś coś w tym stylu?

„Cały dzień dzwoniłam i nawet nie odebrałeś? Gdzie byłeś?"

„A gdzie to się pan wybiera bez kurtki? Jakbyś nie wiedział, że jest zimno?"

„Jak będziesz w sklepie to nie zapomnij zadzwonić, przypomnę ci co kupić."

On maluje ścianę a Ty mówisz: „Ściany maluje się inaczej!" po czym chwytasz za pędzel, żeby mu zademonstrować.

Jest jeszcze wiele innych przykładów na Twoje „matkowanie". A najlepszym z nich jest przywołanie do porządku: „bądź mężczyzną".

Wystarczy, że wypowiesz to zdanie tylko w myślach, i już wiesz, że matkujesz. Pomyśl, czy też tak masz?

Zanotuj.

_____

_____

_____

_____

Sekrety, Których Mama Nie Powiedziała Ci o Mężczyznach™

> ### Złota Myśl
> *Nigdy na Mężczyznę nie patrz z góry, chyba że leży między Twoimi nogami.*

Zakochujesz się jego w przyszłym potencjale

Kiedy Adam po raz pierwszy spotkał Ewę, pomyślał, że jest najpiękniejszą kobietą, którą kiedykolwiek zobaczył. Lecz kiedy Ewa spojrzała na Adama, to co zobaczyła było naprawdę wspaniałe. Zobaczyła życiowego partnera, dom, psa Azora, dwoje dzieci i życie w Beverly Hills. Wcale nie twierdzę, że Ty też tak masz, ale zastanów się, czy Ci się zdarza?

> ### Złota Myśl
> *Gdyby życie było wyścigiem:*
> *Jeśli będziesz mówić mi jak mam przez*
> *nie przebiec,*
> *To pewnego dnia mogę wybiec z Twojego.*

Oto niektóre sygnały na to, że jednak Ci się zdarza.

Co kilka miesięcy powtarzasz:
"On potrzebuje trochę więcej czasu, żeby poukładać sobie życie."
"Jeśli udowodnię mu jak bardzo go kocham, to na pewno się dla mnie zmieni!"
"Nikt nie zna go tak dobrze jak ja"
Jak już wspomniałem, i sama też to potwierdzisz, wszyscy mamy jakieś swoje wzorce. "Może trudno będzie je zmienić" - czy tak teraz właśnie myślisz ?
W momencie, kiedy wykiełkuje w Tobie myśl typu: "to wymaga czasu lub jest niemożliwe", wyobrażenie staje się rzeczywistością.

Wiem dokładnie czego chcesz ponieważ mogę czytać w Twoich myślach i np. wiem, że teraz się uśmiechasz. Czytajac to, zastanawiasz się: „ a co potem" albo „jak mogę przezwyciężyć lub rozwiązać ten problem?"

Sekrety, Których Mama Nie Powiedziała Ci o Mężczyznach™

Zgadnij co, odpowiedź znajduje się w Twoim umyśle, ponieważ problem na początku stworzyłaś sobie sama. Oto jest "The Mind Fuck", jeśli chcesz życia z bajki, będziesz musiała się podzielić szczegółami z osobą, którą kochasz.

Jeśli Twój Mężczyzna słuchając tego zbytnio się wystraszy, musisz zadać sobie jedno z następujących pytań:

"Czy On jest dla mnie tym jednym jedynym?"

lub

"Czy ja jestem dla niego odpowiednia?"

Zanotuj

_____

_____

_____

_____

_____

_____

Sekrety, Których Mama Nie Powiedziała Ci o Mężczyznach™

Wymień Swoje Cztery Najseksowniejsze Cechy!

1._____
_____
_____

2._____
_____
_____

3._____
_____
_____

4._____
_____
_____

Złota Myśl

Where Energy Flows, Victory Grows.

"Podręcznik wspaniałego seksu"

Sekrety, Których Mama Nie Powiedziała Ci o Mężczyznach™

Obawa o swój wygląd

Obawa o to, jak wyglądasz uprawiając seks, ogranicza odczuwanie przyjemności płynącej z samego aktu i przeżywania jednego, bądź wielu orgazmów. Przestań myśleć o zwałkach tłuszczu na brzuchu, rozmiarze biustu a skoncentruj się raczej na przyjemności. Musisz dać sobie przyzwolenie na orgazm. Jeśli mowa o seksie, Twój Mężczyzna oczekuje od Ciebie, żebyś w pełni oddała się chwili. Pozwól oszaleć Twoim zmysłom i odpłyń, co na pewno się nie wydarzy, gdy będziesz zamartwiać się o wygląd fizyczny. Najczęściej, On nawet nie zauważa połowy rzeczy, na których punkcie masz bzika. Może nie brzmi to najlepiej, ale taka jest prawda. Będziesz wydawać się Partnerowi bardziej pociągająca, będąc oznaką zdrowia, młodości i płodności. Zatem zamiast na centymetrach w talii, skup się na seksualnej energii, entuzjastycznym nastawieniu i dodatkowych sferach,

Sekrety, Których Mama Nie Powiedziała Ci o Mężczyznach™

które mogą Was połączyć.

> ## *Złota Myśl*
> *Największym błędem będzie oddanie innej kobiecie szansy na cudowny seks z Twoim Mężczyzną.*

Czy robisz podobnie? Co przyszło Ci na myśl?
Zanotuj.

_____

_____

_____

_____

Brak inicjatywy z Twojej strony

Wielu z moich klientów, i większość znanych mi kobiet, zawsze mówi mi o swoich obawach dotyczących kobiecych zachowań z zakresu relacji intymnych. Odpowiadam na to "Oczywiście, my faceci popełniamy wiele łóżkowych błędów i osobiście też się do tego przyznaję." Ale wedle powiedzenia „do tanga potrzeba dwojga". Okazuje się, że wg znanych ekspertów i seksuologów, same kobiety zaliczają mnóstwo łóżkowych wpadek. Wiem, że nie chcesz okazać się zbyt nachalną lub prowadzić mocnej gry, aby czasem nie zostać określoną miarą agresywnej lub dziwki.

> ***Złota Myśl***
> *Pierwszy błąd jaki popełniasz, to ten twierdząc, że nie popełniasz żadnego.*

Podczas lektury tej książki, zauważysz, że mężczyźni właściwie fantazjują i chcieliby, aby kobieta przejęła inicjatywę w sypialni. Okaż swoje zainteresowanie wykonując od czasu do czasu pierwszy krok. Twój Mężczyzna z pewnością to doceni, a sama osiągniesz nowy poziom satysfakcji przejmując odpowiedzialność za osobiste doświadczenia zmysłowe. Jestem przekonany, że wszystkie kobiety powinny tak robić. O czym teraz myślisz?

Sekrety, Których Mama Nie Powiedziała Ci o Mężczyznach™

Zanotuj.

_____

_____

_____

_____

_____

Przekonanie, że mężczyzna ma zawsze ochotę na seks

PRZESTAŃ! Wiem, że właśnie sobie myślisz "Taaa, na pewno", i miałabyś racje gdybyś była zaślubiona lub spotykała się z nastoletnim chłopcem, gdyż oni są właśnie gotowi i chętni niemal zawsze. Natomiast wcale nie musi tak być w przypadku Twojego Mężczyzny. Składa się na to wiele czynników – stres wywołany pracą, rodziną, rachunki, pieniądze. Dokładnie tak, wszystko to może skutecznie wstrzymać jego libido i ku wielkiemu zaskoczeniu wielu z moich klientów, tak też się dzieje. Do braku pożądania zazwyczaj podchodzisz osobiście. Pewna klientka powiedziała mi:, „jeśli nie robi tego ze mną, to musi robić to z inną." Była w szoku i nie chciała nawet słyszeć, że on mógł nie być w nastroju na seks. Sama wiesz, że nie zawsze jesteś zainteresowana, co nie znaczy, że go nie kochasz. Natomiast, w chwili kiedy zorientujesz się, że on nie ma ochoty, krótko kwitujesz: „acha, już mnie nie kocha!" Nie prawda. On najzwyczajniej teraz nie ma ochoty na zbliżenie. Czy zdarza się to również Tobie? *Zanotuj.*

_____

_____

_____

_____

Złota Myśl

Zmień myślenie a to zmieni Twoją Energię seksualną.

Czy złościsz się gdy on w sypialni proponuje coś nowego?

Z własnego doświadczenia wiem, że to 100% prawda. Po kilkuletnim związku z moja byłą żoną, mogę stwierdzić, że szczypta pikanterii jest czymś naturalnym. Z tym że, jeśli Twój Mężczyzna chce spróbować czegoś nowego, wcale nie oznacza, że jest z Tobą nieszczęśliwy lub go nie satysfakcjonujesz.

Innymi słowy:

Nie bierz tego do siebie.

Jest bardzo ważne, abyś wydostała się poza strefę Twojego komfortu, co pozwoli Ci rozwijać i pracować nad Twoją energią seksualną. Wcale nie oznacza to, że w łóżku masz się zmuszać do czegoś, czego tak naprawdę nie chcesz robić.

Złota Myśl

Sex Is One Of Time And Nature's Masterpiece.

Jeśli Twój Mężczyzna prosi byś spróbowała czegoś, co wykracza poza Twoją moralność, daj jasno do zrozumienia gdzie są Twoje granice i wytłumacz dlaczego. Oczywiście, powinnaś zrobić to w kochający sposób, jak tylko najlepiej potrafisz. Jeśli propozycja nie jest natury moralnej, ale nadal nie masz na to ochoty, z przyczyn osobistych, również wytłumacz dlaczego.

Załóżmy, że pada następująca propozycja: "Kochanie, właśnie urządziłem w małym pokoju lochy miłości, chcę żebyś mnie związała." Początkowo, możesz czuć się skrępowana na samą myśl, postaraj się jednak przesadnie nie reagować. Daj mu natomiast do zrozumienia, że potrzebujesz czasu i musisz przemyśleć.

Czego, co wykracza poza strefę Twojego komfortu, chciałabyś spróbować ? Bądź kreatywna !

Zanotuj.

Brak wskazówek

Szczere rozmowy o seksie, zwłaszcza o tym co lubisz, a czego nie, mogą wprawić Cię w zakłopotanie nawet jeśli jesteś w związku z długim stażem. Jest to jednak jedyny sposób na osiągnięcie udanego pożycia.

Musisz czuć się odpowiedzialna za Twoje doświadczenia seksualne, bo Twój Mężczyzna nie będzie w stanie doprowadzić Cię do ekstazy, jeśli sama nie będziesz czuła się za to odpowiedzialna. Nawet najlepsi kochankowie, nie mogą wiedzieć czego potrzebujesz, jeśli sama im o tym nie powiesz.

> ### Złota Myśl
> *Twój Mężczyzna pragnie się Tobie przypodobać!*

Jeśli powiesz mu w sposób, który nie zrani jego ego, na pewno to doceni. Podczas rozmowy, spróbuj wpleść informacje o tym czego nie lubisz, między

Sekrety, Których Mama Nie Powiedziała Ci o Mężczyznach™

cztery inne, które uwielbiasz. Nie dowiesz się czy poskutkowało, aż do następnego razu. My słuchamy, a zwłaszcza kiedy jesteś konkretna w swoim przekazie. Czy chcesz udzielić mu wskazówek? *Zanotuj.*

_____

_____

_____

_____

Pewnego dnia, klientka zadała mi pytanie:
"Cv, jak mam spotkać tego Jedynego?"
Moja odpowiedź była następująca:
"Jeśli chcesz zdobyć Mężczyznę Idealnego, najpierw musisz stać się Idealną Kobietą."

Potrzebujesz pomocy w znalezieniu tego Jedynego?
Chcę abyś do mnie zadzwoniła
Mój numer komórkowy: +(44) 778899 5678

Złota Myśl

Treat Me Right And You Will See The Light,
Treat Me Wrong And You Will Be Gone.

Sekrety, Których Mama Nie Powiedziała Ci o Mężczyznach™

Szczerze ze sobą

1. Co było moim największym odkryciem podczas lektury tego rozdziału?

___

___

___

2. Co zamierzam zrobić po jego przeczytaniu?

___

___

___

3. Czego potrzebuje do realizacji swoich planów?

___

___

___

Złota Myśl
Najgorszym z więzień, jest zamknięty umysł.

Sekrety, Których Mama Nie Powiedziała Ci o Mężczyznach™

QUIZ O TWOIM MĘŻCZYŹNIE

Ten quiz może naprawdę otworzyć Ci oczy. Dowiesz się jak odczuwasz i rozumiesz swojego Mężczyznę. Przygotuj kartkę i długopis by dokładnie zapisać odpowiedzi:

1. Czy mając 61 lat, Twój Mężczyzna nadal będzie Cię pociągał?
a) Mam nadzieję, że się o tym przekonam
b) Nie wyobrażam sobie sypiać z „dziadkiem"
c) Kto powiedział, że w tym wieku pary nie mogą uprawiać już seksu?
d) Będziemy podtrzymywać ogień

2. Czy ze swoim Mężczyzną możesz porozmawiać o wszystkim?
a) Tak - choć nie zawsze musi to mieć sens
b) Nie - niektóre tematy pozostają tabu
c) W odpowiedniej chwili
d) Zawsze

3. Czy Twój Mężczyzna liże Cię w odpowiednich miejscach?
a) Kończy się na pocałunkach
b) Język mojego kochanka jest na wagę złota

c) Tylko gdy poproszę
d) Zazwyczaj jest tak: "liżę twoje, jeśli poliżesz moje."

4. Czy kiedykolwiek w sypialni On zaproponował coś nowego?

a) Tak - dodaje to pikanterii naszemu pożyciu
b) Tak - zastanawiam się, skąd mu przychodzą do głowy te pomysły
c) Wspólnie wprowadzamy nowe elementy
d) Nie - zawsze to samo

5. Czy Twój Mężczyzna nadal Cię podnieca?

a) Ogień powoli gaśnie
b) Nawet bardziej, w dojrzały sposób
c) Fizyczne pożądanie przerodziło się w mentalne zauroczenie
d) Nigdy o poranku

6. Czy On publicznie okazuje Ci czułość?

a) Przychodzi mu to naturalnie
b) Trzymamy się tylko za ręce
c) W naszym związku jest inaczej
d) Tak było na początku naszej znajomości, teraz jest inaczej

Wyniki

(1.) a = 3, b = 2, c = 1, d = 4
(2.) a = 4, b = 1, c = 2, d = 3
(3.) a = 1, b = 4, c = 3, d = 2
(4.) a = 3, b = 2, c = 4, d = 1
(5.) a = 1, b = 4, c = 3, d = 2
(6.) a = 4, b = 3, c = 2, d = 1

19–24.

Wow! Każda kobieta marzy o takim Mężczyźnie.

13–18.

Seks i romantyczność idą w parze. Nie odpuszczaj, a zbierzesz długotrwałą nagrodę.

7–12.

Wygląda na to, że Twojemu Partnerowi do najwyższej formy, trochę brakuje. Nie dawaj za wygraną. Wykorzystaj tę książkę i skorzystaj z moich porad, a zobaczysz co z tego wyjdzie.

0–6.

Pakuj się i zatrzaśnij za sobą drzwi. Jesteś jedną spośród 7 bilonów ludzi, którzy mogą lepiej trafić.

Sekrety, Których Mama Nie Powiedziała Ci o Mężczyznach™

ZABAWY, KTÓRE TWÓJ MĘŻCZYZNA CHCIAŁBY WYPRÓBOWAĆ

> *Przesłanie o bezpiecznym seksie*
> *Seksualnie aktywni dorośli muszą być w pełni odpowiedzialni za ich własne zdrowie i dobre samopoczucie. Metody bezpiecznego seksu powinny być dobrze znane i stosowane. Jako autor nie ponoszę odpowiedzialności za Wasze bezpieczeństwo podczas prób zastosowania technik opisanych w tej książce.*

Urozmaicanie pożycia z Twoim Mężczyzną nie tylko zagwarantuje, że będzie on szczęśliwy, ale również sprawi, że nie będzie chciał odejść. Jeśli w domu jada pyszne steki, dlaczego miałby pokusić się o hamburgera na mieście? Ponieważ jedzenie zawsze odgrywa istotną rolę, podczas spotkań z klientami używam tej metafory aby opisać uczucia lub emocje, których doświadczamy. Kobiety często powtarzają, (i to nie jest moje widzimisię),

"Mężczyźni nie mają uczuć". Nie prawda, np. odczuwamy stały głód...Więc jednak coś czujemy! Opracowałem parę zabaw, które mogą wyprowadzić Cię poza Twoją strefę komfortu i zmienić Twój tok myślenia.

> ***Złota Myśl***
> *Nikt nie wyzwala w nas złości. My sami wybieramy złość w odpowiedzi na daną sytuację.*

Miłosna złość

Szkoda, że nie miałem okazji wykorzystać tej zabawy będąc w związku z moją byłą żoną, umożliwiłaby mi ona lepsze wyrażanie moich odczuć. Są ludzie, którzy podobnie jak ja, wolą czekać do ostatniej chwili, aby się przełamać i w ostateczności wybuchają gniewem. Mówi się, że „kropla przepełniła czarę goryczy". Jeśli natomiast jest okazja do codziennej rozmowy, to na dłuższą metę, nie będziesz miała powodów do narzekania lub wkurzania się na Partnera. Wręcz przeciwnie, po paru tygodniach, może zaczniesz go nawet komplementować.

Pewnie zastanawiasz się „gdzie ta cała zabawa"? gdy opracowywałem tę technikę, chciałem żeby było zabawnie.

Będzie tu potrzebne kilka rekwizytów. Musisz też trzymać się jednej, głównej reguły, zacznijmy jednak od rekwizytów. Stoper; większość telefonów posiada tę funkcję; moneta i parę kości do gry. Rzuć monetą by wiedzieć, kto zaczyna pierwszy. Liczba oczek na kościach oznacza liczbę minut, czas trwania Twojej kolejki, czyli najmniej 2, a najwięcej 12 minut.

Główna zasada tej gry nakazuje, by w pierwszym tygodniu od pierwszej rundy, rozmawiać tylko o ostatnich siedmiu dniach. *Reszta jest już przeszłością.* Większość moich klientów, która zastosowała tę metodę otrzymała świetne rezultaty.

Aktualnie, w przygotowaniu jest również wersja gry w postaci aplikacji, która będzie gotowa przed lub po ukazaniu się książki. Póki co, niczego nie obiecuję.

Otóż, celem jest nauczyć się sobie odpuszczać.

Wyniki mogą być różne, tak jak różni są ludzie.

Jeżeli łatwo się zapalasz i lubisz kłócić, ta metoda pozwoli Ci na stonowanie Twojego zachowania.

Jeśli jesteś całkowitym przeciwieństwem i czujesz, że w Twoim związku nie masz głosu, to jest świetnym sposobem na wyrażenie swoich uczuć.

Czy to Ci się podoba czy nie, kobiety i mężczyźni zawsze się będą sprzeczać i kłócić. Niemniej jednak, gdyby narzucić temu pewien harmonogram, czy nie byłoby w fajnie się przy tej okazji zabawić?

Czy przetestujesz tę zabawę z Twoim Mężczyzną?

Zanotuj.

_____

_____

_____

_____

Sekrety, Których Mama Nie Powiedziała Ci o Mężczyznach™

Powiedz Prawdę lub Rzuć Wyzwanie?

Jeśli nigdy nie grałaś w tę grę, możesz być lekko zaskoczona. Prawda. Za każdym razem, kiedy się na nią zdecydujesz, możesz być pewna, że dowiesz się wielu nowych rzeczy i odkryjesz nowe, ekscytujące strony Twojego partnera i vice versa. Jedyne czego do gry potrzebujesz, to bujna wyobraźnia i zdrowe libido. W momencie gdy zabraknie Ci pomysłów, nie ograniczaj się do erotycznych fantazji, urzeczywistnij je. Wyzwanie. Otóż striptease lub taniec na rurze, zawsze podkręci atmosferę. Radziłbym jednak na początku ustalić kilka reguł. Jeśli nie chcesz rozmawiać o swoich byłych, musisz to jasno powiedzieć na starcie. Przecież nie chcemy żeby zjadła go zazdrość, prawda? To samo tyczy się Ciebie. Tej gry możesz użyć jeśli jesteś w stałym związku i Twoim celem jest dodać mu trochę pikanterii. To tak jak gdyby wychodząc na "Randkę o północy", szykowałaś się na "Gorącą noc".

> **Złota Myśl**
>
> *Jeśli chcesz czegoś nowego, musisz zrobić coś nowego.*

Aby przekonać się jak swobodnie się czujesz, radzę na początek wykonać ćwiczenie raz w miesiącu. Jeżeli Ci się spodoba, graj częściej. Przecież lubisz kiedy się z Tobą droczy, prawda?

Zanotuj.

_____

_____

_____

_____

Znajdź czas na seks

Ależ tak, masz pracę, studia, dzieci, rodziców, znajomych, psa, porządki domowe i wakacje.... W tak zabieganym świecie może być trudno znaleźć czas na seks. Jeśli odkładasz inicjowanie gier miłosnych aż do łóżka, to masz prawdopodobnie duże szanse aby zostać odrzuconą. Zapytasz, dlaczego? To proste. Głównym powodem, dla którego Twój Mężczyzna leży w łóżku jest zmęczenie.

Możesz spróbować zainicjować seks o poranku, pod warunkiem, że nie spieszysz się do pracy i jesteś typem rannego ptaszka. Jeśli Twój Mężczyzna lubi uprawiać seks w nocy, a Ty o poranku, dobrym pomysłem może być znalezienie pory dnia, kiedy obydwoje będziecie mogli się sobą nacieszyć. Wypróbuj weekendy, albo zaraz po pracy (tak, przed kolacją), albo na długo przed pójściem spać. Możesz też spontanicznie wyjść na długą przerwę obiadową lub rozpalić go zanim wyjdziesz z pracy.

Sekrety, Których Mama Nie Powiedziała Ci o Mężczyznach™

> ### *Złota Myśl*
>
> *Jeśli Twoje życie seksualne jest dla Ciebie ważne... Znajdziesz czas. Jeśli nie, znajdziesz wymówkę.*

Życzę powodzenia w znajdowaniu okazji. Większość ludzi znajduje całe mnóstwo powodów, dla których nie mają czasu na seks. Sam akt seksualny w zasadzie nie trwa długo, przeciętnie 10 – 16 minut. Natomiast gra wstępna i czas po, mogą trwać o wiele dłużej.

Jeśli myślisz, że nie masz czasu na seks, to może oznaczać, że prawdopodobnie nie masz czasu na romantyczne nastrojenie się lub bycie seksy.

Zatem, jeśli masz ochotę na szybki numerek albo też wielogodzinną miłość ze swoim Mężczyzną, skorzystaj z następującej gry.

Przygotuj dwie torebki. Do jednej z nich, wrzuć 7 kawałków papieru, na których zapisałaś nazwy 7 dni tygodnia. Na 4 innych kawałkach, zapisz 4 pory dnia

Sekrety, Których Mama Nie Powiedziała Ci o Mężczyznach™

i dokładnie wyznacz godzinę, kiedy obydwoje możecie być wolni. Te ostatnie wrzuć do drugiej torebki...

Pamiętaj rozmawiamy bez ogródek!

Teraz wylosuj jedna kartkę. Obydwoje musicie się dostosować i zorganizować tak, aby mieć wylosowany czas wolny. Np. zadzwoń po nianię, zostaw dzieci u znajomych, i pamiętaj, że na wypadek W...możesz uprawiać seks nawet w samochodzie lub wynająć pokój w hotelu jeśli jeszcze nie mieszkacie razem.

Zanotuj.

_____
_____
_____
_____

Złota Myśl
Nikt za Ciebie nie osiągnie zwycięstwa.

Sekrety, Których Mama Nie Powiedziała Ci o Mężczyznach™

Tylko w cztery oczy

Używając słów lub zwrotów z poniższej listy, wybierz sześć dla Ciebie najważniejszych. Nie wszystkie te hasła mogą być dla Ciebie istotne, ale na potrzeby tego ćwiczenia, przyjmij je za wartości. Wybierz 6 układając je w porządku malejącym (1-sza będąc najważniejszą, 6-a najmniej istotną). Powiedz następnie swojemu partnerowi dlaczego je wybrałaś a potem niech on wybierze swoje sześć i uzasadni wybór. Poniższe hasła zostały wielokrotnie użyte przez moich klientów i dały zaskakujące rezultaty. Hasła mogą mieć przyjemną bądź bolesną konotację, lub też obie jednocześnie.

Do wykonania ćwiczenia możesz wybrać sypialnię, co może zresztą okazać się dość podniecające, albo najzwyczajniej porozmawiać o tym siedząc wygodnie na kanapie. Jedyny warunek: musicie przebywać w tym samym pokoju, nigdy nie należy wykonywać ćwiczenia telefonicznie.

Sekrety, Których Mama Nie Powiedziała Ci o Mężczyznach™

Napisałem tę książkę dla Ciebie, ale ma ona pomóc obojgu, mężczyźnie i kobiecie.

Podniecenie	Romantyczność	Uciążliwy
Ryzyko	Depresyjny	Relaksujący
Zakłopotanie	Wolność	Intensywny
Erotyka	Ochydny	Rozzłoszczony
Dzikość	Zwierzęcy	Zagadka
Komfort	Siłowy	Straszny
Nudny	Głód	Zmysłowy
Instensywność	Jednoczący	Współczujący
Brudny	Ekstatyczny	Połykać
Intymność	Nieokiełznany	Szczodry
Miłość	Przyjacielski	Pilny
Mistyczny	Seks zabawki	Prymitywny
Cnota	Nie do zapomnienia	Satysfakcja
Głupi	Zastraszający	Emocjonalny
Wykorzystywać	Mistrzostwo	Mocny
Ból	Zmysłowy	Wyobraźnia
Męczacy	Lagodny	Prezerwatywy
Dawanie satysfakcji	Straszny	Gra wstępna
Energetyczny	Rozmiar	Zaufanie
Pożądanie	Smak	Zapach
Bielizna	Piękno	Wyzwanie
Seksowność	Flirt	Szczerość
Małżeństwo	Zazdrość	Wielokrotny orgazm

Sekrety, Których Mama Nie Powiedziała Ci o Mężczyznach™

Najpierw Ty:

1._____

2._____

3._____

4._____

5._____

6._____

Teraz Twój Partner:

1._____

2._____

3._____

4._____

5._____

6._____

Złota Myśl

Dzielenie się jest seksy.

Sekrety, Których Mama Nie Powiedziała Ci o Mężczyznach™

Zabawy z Kamasutrą

Kamasutra jest biblią pozycji seksualnych. Oryginał pochodzi z Indii i został napisany w sanskrycie. Wg historyków po raz pierwszy pojawiła się ok. 400 – 200 lat p.n.e.! Pierwotnie Kamasutra nie była podręcznikiem pozycji seksualnych lecz stylu życia. Jednak jeśli to właśnie pozycje Cię interesują, to trafiłaś pod dobry adres! Książka zawiera dokładne opisy różnych pozycji. Sam pochodząc z Indii, chcę przedstawić Wam, kilka zabawnych gier stworzonych przez moich przodków, wypróbuj je ze swoim Mężczyzną. Kamasutra poświęca sferze seksu ogromną uwagę i podchodzi do niej z otwartym umysłem, przedstawiając katalog pozycji w dość erotyczny sposób. Po przeczytaniu Kamasutry, na nowo odkryjesz wolność i swawolę uprawiając sztukę miłości. Książkę dostępną w wielu tłumaczeniach,

Sekrety, Których Mama Nie Powiedziała Ci o Mężczyznach™

można znaleźć na półkach księgarni i sklepach internetowych.

> **Złota Myśl**
>
> *Największym prezentem, który możesz sprawić swojemu pożyciu, jest Twoja uwaga.*

Do poniższych zabaw będziesz potrzebować egzemplarza Kamasutry. *Zanotuj.*

1. Rzuć kośćmi do gry w Kamasutrę (potrzebne są dwie). Wygrywający może wybrać pozycję.

_____

_____

_____

2. Zrób własny album Kamasutry z ponumerowanymi zdjęciami. Wybierz numer lub zamknij oczy i wskaż zdjęcie. Będziecie kochać się w tej pozycji.

_____

_____

3. Będziesz potrzebować kości do gry i sześciu zdjęć z ulubionymi pozycjami Kamasutry. Ponumeruj je od 1 do 6. Rzuć kością, a następnie spędź po 4 minuty w wylosowanej pozycji zanim ponownie rzucisz.

4. Kup sobie talię kart do gry w Kamasutrę (dostępne na Internecie lub w seks shopie). Zagraj w grę karcianą "Go Fish." Wygrywający otrzymuje seks w swojej ulubionej pozycji.

> ### *Złota Myśl*
> *Kama Sutra Is When Fate Fucks You In All Sorts Of Creative Sexual Ways.*

Sekrety, Których Mama Nie Powiedziała Ci o Mężczyznach™

Szczerze ze sobą

1. Co było moim największym odkryciem podczas lektury tego rozdziału?

_____
_____
_____
_____

2. Co zamierzam zrobić po jego przeczytaniu?

_____
_____
_____
_____

3. Czego potrzebuje do realizacji swoich planów?

_____
_____
_____
_____

> ### *Złota Myśl*
> *Najgorszym z więzień, jest zamknięty umysł.*

Sekrety, Których Mama Nie Powiedziała Ci o Mężczyznach™

Jak rozumieć tę książkę

Postanowiłem dodać ten fragment ponownie, po tym jak kliku czytelników zasugerowało, że może warto. Obecna książka nie jest fikcją i jak już wspominałem, nie należy jej w ten sposób czytać. Książka ta jest podręcznikiem do nauki pewnych sposobów myślenia w celu ulepszenia Twojego związku intymnie. I podobnie jak w przypadku podręcznika, powinno się go czytać kilkakrotnie. W dzisiejszym zabieganym świecie potrzebujemy zrozumieć i ustalić, co jest dla nas najważniejsze. Nie ma złego sposobu czytania tej książki. Jestem przekonany, że przemyślenia i pomysły w niej zawarte mogą pomóc poprawić Twoje życie seksualne. Tylko w jeden sposób książka nie przyniesie efektów, -- tj. kiedy jej nie przeczytasz!

PS. Kiedy widzisz słowa „Zanotuj", to notuj. To odblokuje Twój umysł!!

Książka jest napisana w łatwym do czytania formacie, aby dostarczyć optymalnych informacji w jak najkrótszym czasie i natychmiast pozwolić Tobie, czytelnikowi, do czerpania z niej korzyści. Napisałem ją dla Ciebie, abyś wypróbowała seksowne ćwiczenia, a w konsekwencji osiągnęła to, czego pragniesz, „świetny seks".

Sekrety, Których Mama Nie Powiedziała Ci o Mężczyznach™

DZIECIĘCE ZABAWY Z TWOIM MĘŻCZYZNĄ

Dobra zabawa z Twoim Partnerem, może być dokładnie tym co zalecił Ci Seks Coach! Bawiąc się, osiągniecie nowy, luźny stopień porozumiewania się. Nie musisz spróbować ich wszystkich, ale zobaczysz, że im więcej się bawisz, tym bardziej Twój Mężczyzna będzie się na Ciebie otwierał.

Żeby było zabawnie, zróbcie zakład, będzie on gwarancją pełnego zaangażowania, ponieważ On będzie chciał wygrać.

A jaka jest stawka...?

(Ustanów dwie nagrody, jedną dla niego, a drugą dla siebie). Staraj się zachowywać zawsze te same nagrody i pamiętaj aby nie były one zbyt kosztowne, przecież go kochasz.

A teraz trochę się zabawmy...

Złota Myśl

Jeśli pragniesz wspaniałego seksu, Musisz postarać się o to pierwsza.

Zanotuj.

1. Zabawcie się w Zoo udając wybrane zwierzęta. Kochajcie się jak one. Bądźcie dzicy, dystyngowani lub śliscy jeśli się Wam podoba.

_____

_____

_____

_____

2. Zorganizujcie sobie trójnogi rajd. Zwiążcie razem po jednej z nóg i spróbujcie się wtedy kochać.

_____

_____

_____

_____

3. Zagrajcie w *Butelkę*. Osoba, na którą wskaże szyjka butelki, może mieć jakiekolwiek seksualne życzenie.

_____

_____

_____

_____

4. Bawicie się a kiedy muzyka przestaje grać, możecie się rozbierać lub wykonywać seksualne przysługi.

_____

_____

_____

_____

5. Zagrajcie w nagi Twister.

_____

_____

_____

_____

6. Zagrajcie w Kościany Striptiz. Na zmianę rzucajcie dwiema kostkami do gry. Osoba, która otrzyma mniejszą liczbę oczek, musi uwodzicielsko zdjąć część ubioru.

_____

_____

_____

_____

7. Zagrajcie w rozbieranego pokera. Zwycięzca każdego rozdania musi dać partnerowi zadanie do wykonania.

_____

_____

_____

_____

> ### *Złota Myśl*
> *To niesamowite móc zachowywać się jak dziecko i mieć przeświadczenie, że nic nie stoi Ci na przeszkodzie.*

8. Jesteście nagimi posągami, przekonajcie się kto wytrzyma dłużej.

_____

_____

_____

_____

9. Nago stańcie naprzeciw siebie. Bądźcie swoim lustrzanym odbiciem i naśladujcie wszystkie Wasze ruchy.

_____

_____

_____

_____

Złota Myśl

Jesteś w 100% odpowiedzialna za swoją energię seksualną.

Sekrety, Których Mama Nie Powiedziała Ci o Mężczyznach™

Szczerze ze sobą

1. Co było moim największym odkryciem podczas lektury tego rozdziału?

_____

_____

_____

2. Co zamierzam zrobić po jego przeczytaniu?

_____

_____

_____

3. Czego potrzebuje do realizacji swoich planów?

_____

_____

_____

> ### *Złota Myśl*
> *Najgorszym z więzień, jest zamknięty umysł.*

Sekrety, Których Mama Nie Powiedziała Ci o Mężczyznach™

WYMYŚL NOWY STYL SEKSU

Jak tytuł mówi, nadszedł czas na stworzenie w sypialni czegoś nowego, co sprawi, że będziesz w łóżku wyjątkowa w porównaniu z innymi nudnymi kobietami

Zastanawiasz się jak to zrobić?

Czytając ta książkę kilkakrotnie i współpracując z Twoim partnerem dowiesz się, co naprawdę Ci odpowiada. Oto kilka seks-ćwiczeń, które przyspieszą drogę poznawczą.

Dobrej zabawy!

Złota Myśli

Twoje życie seksualne już nigdy nie będzie takie samo.

Zanotuj.

1. Stwórz nowa technikę lub pozycję, której jeszcze nie wypróbowaliście i nazwij ją Waszymi imionami.

2. Wymyśl technikę, historię albo też zorganizuj erotyczny wieczór, który doprowadzi twojego mężczyznę do ekstazy bez najmniejszego dotyku.

3. Zrób listę seksownych pomysłów i wyszeptaj je na ucho Twojemu Mężczyźnie. Zapytaj go o ich ocenę w skali od 1 do 10.

4. Poszukaj rożnych technik seksualnych z innych kultur i wypróbuj je ze Twoim Partnerem.

5. Wyobraź sobie jakąkolwiek część ciała Twojego Partnera jako dojrzałą brzoskwinię lub soczyste MANgo. Nie spiesz się, gdy będziesz zajadać owoc w całości.

Złota Myśl

Nie naśladuję stylu seksy. Jestem seksy.

Sekrety, Których Mama Nie Powiedziała Ci o Mężczyznach™

Szczerze ze sobą

1. Co było moim największym odkryciem podczas lektury tego rozdziału?

_____

_____

_____

_____

2. Co zamierzam zrobić po jego przeczytaniu?

_____

_____

_____

_____

3. Czego potrzebuje do realizacji swoich planów?

_____

_____

_____

_____

Złota Myśl

Najgorszym z więzień, jest zamknięty umysł.

Sekrety, Których Mama Nie Powiedziała Ci o Mężczyznach™

MOWA CIAŁA, POWIEDZ NAM CZEGO CHCESZ?

Wyobraź sobie, że różne części Twojego ciała mogą mówić. Zapytaj ich więc czego chcą, w jakim są obecnie nastroju, co lubią lub czego nie lubią. Co by odpowiedziały?

1. Gdyby Twoja pochwa mogła mówić, co by teraz powiedziała, co odczuwa w chwili obecnej?

_____

_____

_____

2. Jeśli jego penis mógłby mówić, gdzie chciałby teraz być?

_____

_____

_____

3. Jeśli Twoje piersi mogłyby mówić, o co by poprosiły?

_____

_____

_____

4. Gdyby Twoje ręce mogły mówić, co by powiedziały i co chciałyby zrobić?

_____

_____

_____

5. Czy masz części ciała, które czują się zaniedbane, i które chciałyby zwrócić na siebie uwagę?

_____

_____

Czy chcesz abym pomógł Ci odblokować Twoje ciało, Odwołując się do Twojego umysłu?

Jeśli chcesz zadzwonić, porozmawiajmy.

Mój nr telefonu: +(44) 778899 5678

Sekrety, Których Mama Nie Powiedziała Ci o Mężczyznach™

Szczerze ze sobą

1. Co było moim największym odkryciem podczas lektury tego rozdziału?

_____
_____
_____

2. Co zamierzam zrobić po jego przeczytaniu?

_____
_____
_____

3. Czego potrzebuje do realizacji swoich planów?

_____
_____
_____

Złota Myśl

Najgorszym z więzień, jest zamknięty umysł.

Sekrety, Których Mama Nie Powiedziała Ci o Mężczyznach™

TECHNIKI BLOWJOB

(UWAGA, NIE DLA DELIKATNYCH GARDEŁ)

Członek Twojego Mężczyzny jest prawdziwym kluczem do jego umysłu. W przeciwieństwie do Twojej seksualności, która dotyczy całego ciała w sferze fizycznej jak i psyche, seksualność Twojego Partnera jest skoncentrowana w tym jednym organie. Pieszczoty, miłość, branie go do ust lub umieszczanie w innych częściach ciała, nie tylko będą go zachwycały fizycznie, ale również stworzą między Wami głęboką emocjonalną więź. Jeśli zgłosisz się na ochotnika, Twój Mężczyzna zawsze wyrazi zgodę.

> ### Złota Myśl
> *Zapamiętajcie to Panie, Blowjob dla Waszego Mężczyzny, to jak dla Was kwiaty.*

Przed pieszczotami, radziłbym wziąć prysznic lub kąpiel, obydwoje lepiej się poczujecie.

Po paru tygodniach zapytaj czy, mydłem i wodą, możesz umyć jego klejnoty. Obserwuj jego wzrok i ruchy ciała kiedy zabierzesz się do tej toalety.

Głębokie gardło

Na początek i przede wszystkim moje Panie, musicie się nauczyć jak używać głębokiego gardła. Zdaję sobie sprawę, że na samym początku może to być dla Was trochę onieśmielające zwłaszcza gdy jesteście z kimś o sporym przyrodzeniu. Ale z czasem, będziecie w stanie włożyć prosto do gardła praktycznie cały członek większości mężczyzn. Należy zacząć uczyć się po trochu. Mam tu na myśli zagłębianie jego penisa w gardło centymetr po centymetrze, coraz dalej, aż będziecie w stanie wsadzić całego. Potrwa to więcej niż dzień, gdyż należy wyćwiczyć osłabienie reakcji odruchu wymiotnego. Tym z Was, które przechodzicie bulimię, stanowczo odradzam. Wasz odruch wymiotny jest wytrenowany w drugą stronę, życzę powodzenia w wyzbyciu się tego nawyku.

Pamiętaj przy tym, że nie musisz trzymać jego członka w gardle godzinami. Wróć do nasady, zajmij się nim i kiedy będziesz gotowa, wprowadź ponownie. Musisz wypróbować, aż wypracujesz indywidualny styl.

Ssać wszystko po kolei

Wiele kobiet boi się naszych klejnotów. Dlaczego? Nie mam pojęcia. Strefa krocza jest u mężczyzn bardzo erogenna, więc nie będą zachwyceni jeśli będziesz chciała ją omijać. Jeśli brzydzisz się zapachu lub brudu, niech Twój Partner weźmie wcześniej prysznic. A jeśli czujesz się niekomfortowo, to już najlepiej gdy weźmiecie prysznic razem. Kiedy już będzie czysty i pachnący, wyliż go po całym ciele i zdecydowanie weź klejnoty do ust, po jednym na raz i bardzo delikatnie. Twój Mężczyzna jest nadzwyczajnie wrażliwy w tym miejscu, więc musisz być wyczulona na każdy gest aby uniknąć niepożądanych doświadczeń. Nie zapomnij subtelnie stymulować językiem miejsca tuż pod jądrami; tam po drugiej stronie znajduje się punkt G. Jednym się to podoba, a drugim nie. W zależności od osoby, możesz przejść w stronę odbytu. Powinnaś jednak uprzednio przedyskutować tę kwestię z Twoim Partnerem, a zwłaszcza jeśli znacie się od niedawna. Jeśli to w jego guście, wypróbuj! w tym przypadku, prysznic przed będzie dobrym pomysłem.

Czas

Wiem, że tytuł brzmi trochę drętwo, ale kwestia czasu może zaważyć na Twoim sukcesie bądź fiasku. Dobrze wiem, że większość z Was się masturbuje. Pomyśl tylko jak czujesz się w chwili, gdy musisz się szybko wyrobić, np. uczestniczysz w spotkaniu i przed jego rozpoczęciem musisz zrobić swoje w publicznej toalecie. A teraz pomyśl o niedzielnym popołudniu. Jesteś sama w domu i siedząc wygodnie na kanapie oglądasz coś namiętnego w telewizji.

Potem zajmujesz się sobą przez chwilę, a następnie nadzwyczajnie przechodzisz do pełnej akcji. Nie doprowadzasz się do orgazmu natychmiast lecz pobudzasz się prawie do punktu kulminacyjnego a następnie zwalniasz tempo, co powtarzasz kilkakrotnie aż wybuchniesz orgazmem. Na tym właśnie polega blowjob. Po prostu nie możesz wziąć penisa do ust i nagle gwałtownie pocierając odbyć czterosekundowy seks oralny. Musisz stymulować go przez chwilę. Pieść go używając rąk, ramion, ciała i powoli ale naprawdę, powoli wyciągnij język i delikatnie go muśnij.

Potem usiądź i obserwuj go krótką chwilę, po kilku sekundach powtórz. W tym momencie Twój Partner do tego stopnia pragnie abyś wzięła całego do ust, że wydaje mu się, że nie wytrzyma. Praktycznie rzecz biorąc, w tej chwili igrasz z nim i nie powinnaś mu dawać czego pragnie, *Ty* masz zadecydować kiedy jest odpowiedni moment. Im dłużej bierzesz go na wstrzymanie, tym większy będzie jego orgazm.

Sekrety, Których Mama Nie Powiedziała Ci o Mężczyznach™

Koordynacja Ręki z Ustami

To nie lada umiejętność być zdolnym koordynować pracę rąk i ust jednocześnie, przychodzi ona w praktyce. Ale najpierw przyjrzyjmy się rękom. Nie na darmo masz ich dwie. Jedna z moich klientek używała jednej do penisa, a drugiej do pieszczot klejnotów. Dłoń, której używasz do ich stymulacji powinna być nadzwyczaj delikatna gdyż każdy gwałtowny ruch może zakończyć przygodę raz na zawsze. Będziesz delikatnie pocierać je używając na zmianę górnej i dolnej części dłoni. Po dłuższej chwili, możesz je zebrać do garści nie przestając przy tym stymulować. W żadnym wypadku nie zostawiaj ich w bezruchu. Druga dłoń powinna wykonywać równocześnie z głową ruchy w kierunku góra-dół. Musisz również współgrać z czasem gdyż chaotyczne ruchy głowy i rąk nie dadzą tu żadnego efektu. Czasami ruchy głowy i ust może na chwilę zastąpić ręką. Dasz odpocząć ustom, zwłaszcza jeśli pracowałaś całym gardłem, i nadrobisz ręką, tym bardziej, że szybkich ruchów głową wykonać nie możesz. Jeśli uda Ci się zsynchronizować razem te trzy elementy, Twój Partner będzie w siódmym niebie. *Zaufaj mi!*

Wypluć czy połknąć?

To był zawsze gorący temat. W tłumie zawsze znajdzie się paru takich, co próbują przekonać dziewczyny, że należy połykać. Większość facetów pragnie tylko dojść w Twoich ustach co nie oznacza, że masz połknąć. Jeśli lubisz smak jego spermy i to Cię nie odraża, idź na całość i połknij. W przeciwnym razie, wypluj. Jest już po wszystkim, więc generalnie facetom już nie zależy. Upewnij się tylko, że jego penis jest w Twoich ustach wystarczająco długo na dokończenie wytrysku, jeśli wyjmiesz go przedwcześnie, Twój Partner na pewno będzie niezadowolony.

Złota Myśl

Spitters Are Quitters.

A oto, na co wpadłem pisząc tę książkę. Nie zarzekaj się, że tego nie zrobisz gdyż może okazać się dla Ciebie przydatnym i to bardziej niż myślisz. W kulturze starożytnej Grecji i Indii istnieją dowody na kobiece rytuały z wykorzystaniem nasienia na skórze twarzy, piersiach i włosach. Naukowcy znaleźli następujące wytłumaczenie: nasienie zawiera sporo witaminy C oraz posiada właściwości antybiotyku. Jego ściągające działanie pozostawia skórę twarzy gładką i czystą na długo po wmasowaniu. Rytuał pomaga kobietom na zatrzymaniu młodości i koniecznym zbalansowaniu energii męskiej i żeńskiej. Inną ciekawostką jest fakt, że podczas oralnego seksu, w ciele kobiety uwalniają się odpowiedzialne za spalanie tłuszczu hormony. *Zanotuj.*

_____

_____

_____

Sekrety, Których Mama Nie Powiedziała Ci o Mężczyznach™

Szczerze ze sobą

1. Co było moim największym odkryciem podczas lektury tego rozdziału?

_____

_____

_____

_____

2. Co zamierzam zrobić po jego przeczytaniu?

_____

_____

_____

_____

3. Czego potrzebuje do realizacji swoich planów?

_____

_____

_____

_____

Złota Myśl

Najgorszym z więzień, jest zamknięty umysł.

A to mała reklama

Wcale nie musisz tego czytać. Jako że miałem pusta stronę, pomyślałem, że dobrze jest bezwstydnie zareklamować rzeczy, którymi się zajmuję, na wypadek, gdybyś była zainteresowana.

Organizuję szkolenia w różnych formach:

Intervention With The SuccSex Coach™
The Mind Fuck Bootcamp™ (2-3 dni)
Dinner With The SuccSex Coach™
CSI - Cv's Sex Investigation™ (TV/Program Radiowy)
Hen Night With The SuccSex Coach™
Cum Sex With Me™ (Weekend Holidays)
Love Sex Angel™
(Online Sex Programs... wkrótce dostępne)

Poza tym, uczestniczę i przemawiam na konferencjach oraz imprezach firmowych na tematy związane z tą książką lub innymi kuriozami jak np. osiągnąć niesamowite wyniki używając siły woli umysłu. Zadzwoń do mnie po więcej informacji.
Tel komórkowy: +(44) 778899 5678

Uwielbiam podróżować, więc z przyjemnością pojadę praktycznie wszędzie, gdzie mogę uzyskać wizę.

Jak się zapewne domyślasz, jestem szalenie drogi, ale staraj skupić się na jakości, a *nie na* cenie.

Sekrety, Których Mama Nie Powiedziała Ci o Mężczyznach™

CZY MASZ OCHOTĘ SKRĘPOWAĆ JEGO CIAŁO?

Książka a następnie film " Pięćdziesiąt twarzy Greya" cieszą się dużą popularnością na całym świecie. Pary z kochających się związków mogą uważać bondage i dominację za dziwaczną zabawę erotyczną. Dla innych jednak, jest to zupełnie nieszkodliwy i podniecający sposób na przeżycie nowych doznań, w codziennym życiu zanegowanych. Jest to sposób na urozmaicenie Twojego życia seksualnego i głębsze poznanie siebie i Partnera poprzez odgrywanie roli.

Muszę tu podkreślić: "Przemoc jest niedozwolona."

Partner dominujący (na górze) ma za zadanie upewnić się, że uległy Partner (na dole) dobrze się przy tym bawi i nie dzieje się mu żadna krzywda.

Czego chcą dominatorzy ? mogą zrobić to na co tylko mają ochotę oraz poprosić dla siebie o co tylko chcą. O co chodzi stronie uległej ? mogą skorzystać z

Sekrety, Których Mama Nie Powiedziała Ci o Mężczyznach™

okazji, aby zrzec się odpowiedzialności za akt seksualny a w zamian, jeśli są z natury nieśmiali, odkryć nowe aspekty seksualności, które w innych okolicznościach byłyby dla nich krępujące. Takie doświadczenie pozwala uwolnić się od obawy przed brakiem szczytowej formy.

Zanim kogokolwiek skrępujesz, musisz dokładnie przedyskutować ze swoim Partnerem, co będzie się działo i jak długo. Pamiętaj, nigdy nie wiąż nikogo wbrew jego woli. Do skrępowania użyj delikatnych materiałów. Upewnij się, że osoba może swobodnie oddychać i nie blokujesz krążenia krwi. Nigdy nie używaj pętli gdyż pociągnięta, mocno się zaciska. Sięgnij po futrzane kajdanki, do kupienia w seks shopie lub na Internecie. Pamiętaj aby na wszelki wypadek, zawsze mieć pod ręką kluczyk lub nożyczki. Skoro kwestia błagalna: "Nie! nie! nie!" może być częścią zabawy, musicie ustalić hasło, na które przerywacie grę i absolutnie zawsze dostosowujecie się na sam dźwięk!

Moim klientom zasugerowałem kod kolorów: "Zielony" wszystko jest w porządku, "Żółty" nowe doświadczenie, wymaga delikatności i uwagi oraz "Czerwony", który oznacza koniec zabawy. Jeśli osoba nie może mówić, należy użyć umówionych znaków jak np. klaskanie czy pstrykanie palcami. Związawszy go, nigdy nie pozostawiaj swojego Partnera samego i poproś, aby i Ciebie również nie zostawiano samej. Odradzam jeśli po kilku drinkach jesteś pod wpływem alkoholu. Unikaj odreagowywania i wyrażania złości podczas tej zabawy. Nie chcę się powtarzać, więc jeśli szukasz pomysłów, przejdź do strony 105-109. A teraz poniżej zapisz, co chcesz zrobić ze swoim Mężczyzną.

Zanotuj.

_____

_____

_____

_____

Sekrety, Których Mama Nie Powiedziała Ci o Mężczyznach™

Szczerze ze sobą

1. Co było moim największym odkryciem podczas lektury tego rozdziału?

_____
_____
_____
_____

2. Co zamierzam zrobić po jego przeczytaniu?

_____
_____
_____
_____

3. Czego potrzebuje do realizacji swoich planów?

_____
_____
_____
_____

Złota Myśl

Najgorszym z więzień, jest zamknięty umysł.

Sekrety, Których Mama Nie Powiedziała Ci o Mężczyznach™

SKONSUMUJ Z TWOIM MĘŻCZYZNĄ, CZYLI BARDZO SEKSOWNE JEDZENIE

W poszukiwaniu najlepszych przyjemności, które możesz dzielić z Twoim Mężczyzną, natrafiłem na te niezwykłe afrodyzjaki. Mogą Ci się okazać pomocne.

Figi -

Starożytni Grecy lubowali się w orgiach jak tylko rozpoczął się sezon figowy. Figi są nie tylko pełne witamin, lecz gdy przecięte na pół, ich dojrzały, różowy miąższ wizualnie przypomina kobiecą pochwę.

Czekolada –

Nikt nie zaprzeczy jej właściwości afrodyzjaku. Jest bogata w substancje energetyzujące, a im większy procent zawartości kakao, tym lepiej. Czekolada zawiera także fenyloetyloaminę i anandamid, które wyzwalają efekt euforii. Są to te same związki, które podczas stosunku lub wysiłku fizycznego są odpowiedzialne za uwalnianie endorfin, znanych jako hormony szczęścia. Kakao zawiera również metyloksantyny, które sprawiają, że skóra staje się wrażliwa na każdy dotyk.

Migdały -

Zawierają cynk, selen i witaminę E, które są ważne dla zdrowia seksualnego i reprodukcji. Selen może pomóc w przypadku niepłodności, a w połączeniu z witaminą E, wspomoże Twoje serce.

Cynk jest minerałem wspomagającym produkcję męskich hormonów i ma pozytywny wpływ na libido. Dobre krążenie jest istotne dla Twoich organów rozrodczych, sięgaj więc po dobre tłuszcze jak np. zawarte w migdałach kwasy tłuszczowe omega-3.

Imbir, czosnek i cebula –

Aby zapewnić poprawny przepływ soków w organizmie postaw na czosnek, pory, cebule, szalotki i szczypiorek. Warzywa z rodziny cebulowatych dadzą Ci wytrzymałość, których żadne suplementy diety nie są w stanie zagwarantować. Zawierając związki chemiczne stymulujące przepływ krwi do genitaliów, powodują intensywne uczucie podniecenia, a w rezultacie energię i wytrzymałość podczas stosunku. Oddech nie będzie tu problemem … a przy odrobinie szczęścia, będziesz tak zajęta, że nawet nie zauważysz!

Karczochy -

Starożytni Rzymianie wierzyli, że karczochy są nie tylko afrodyzjakiem, ale również prowadzą do wiecznego życia. Mylili się co do "życia na wieki" ale mieli racje jeśli chodzi o ich wpływ na lepsze stosunki seksualne.

Sekrety, Których Mama Nie Powiedziała Ci o Mężczyznach™

Avocado –

Są bogate w znaną z właściwości antyutleniających witaminę E, potas i witaminę B6, które zapobiegają lub opóźniają wystąpienie chorób serca i wspomagają lepszy przepływ krwi. Są również źródłem, przyjaznych sercu tłuszczy jednonienasyconych.

Wszystko, co pozytywnie wpływa na zdrowe krążenie i wspomaga serce, jest istotne dla dobrej kondycji twojego życia seksualnego. Mężczyźni z chorobami serca są dwukrotnie bardziej narażeni na wystąpienie problemów z erekcją, jako że obydwie przypadłości wynikają z uszkodzeń tętnic.

Truskawki –

Zarówno kobietom jak i mężczyznom, dobre krążenie jest niezbędne dla prawidłowego funkcjonowania. Truskawki są bogate w przeciwutleniacze, które pozytywnie wpływają na twoje serce i tętnice. Ponadto, zawierają też witaminę C, która wraz z antyoksydantami zwiększa produkcję plemników. Wypróbuj truskawki maczane w płynnej gorzkiej zawierającej metyloksantyny czekoladzie. Wspomogą Twoje libido.

Arbuz –

Ten popularny letni owoc jest niskokaloryczny oraz bogaty w potencjalnie stymulujące libido składniki odżywcze. Nowe badania sugerują, że zawarty w arbuzach likopen, cytruliny i beta-karoten wpływają relaksująco na naczynia krwionośne i mogą naturalnie stymulować Twój popęd seksualny.

Ziarna słonecznika, dyni i sezamu –

Są bogate w cynk który uważany jest za korzystny dla zdrowia seksualnego gdyż wspomaga u mężczyzn produkcję testosteronu i spermy. Jednym z innych źródeł dostarczającym duże jego ilości są ostrygi. A tak miedzy nami, jak często jadasz ostrygi? Ostatnio badania wykazały, że cynk jest korzystny również dla kobiet.

Borówki -

Zapomnij o Viagrze. Matka Natura obdarzyła nas oryginalnymi niebieskimi kapsułkami na potencję, które mogą o wiele więcej. Borówki są bogate w rozpuszczalny błonnik, który pomaga usunąć z krwi nadmiar cholesterolu zanim zostanie absorbowany i osiądzie na ścianach tętnic. Borówki wpomagają także naczynia krwionośne i poprawiają krążenie.

Dla maksymalnej potencji i wydajności, zjedz porcję jagód co najmniej trzy lub cztery razy w tygodniu. Badania również pokazują, że wpłynie to na słodki smak spermy Twojego Mężczyzny.

Złota Myśl
To nie jest dieta, to się nazywa seksowne żywienie.

Sekrety, Których Mama Nie Powiedziała Ci o Mężczyznach™

Szczerze ze sobą

1. Co było moim największym odkryciem podczas lektury tego rozdziału?

_____

_____

_____

_____

2. Co zamierzam zrobić po jego przeczytaniu?

_____

_____

_____

_____

3. Czego potrzebuje do realizacji swoich planów?

_____

_____

_____

_____

Złota Myśl

Najgorszym z więzień, jest zamknięty umysł.

Sekrety, Których Mama Nie Powiedziała Ci o Mężczyznach™

ZROZUMIEĆ JEGO FANTAZJE

Uczciwie rzecz biorąc, nie chciałem tematowi poświęcać rozdziału, ale moja żeńska klientela i znajome przekonały mnie, że właściwie fajnie było by poczytać o męskich fantazjach. Sorry koledzy, to akurat może się dla Was okazać korzystne. Jeśli istnieje jedna rzecz, o której Twój chłopak lub mąż fantazjuje, to jest właśnie to :

> *Przyjacielska rada:*
> *Możesz nie chcieć o tym słyszeć lub poznać prawdy...*
> *Jeśli jednak chcesz wiedzieć? Czytaj dalej.*

Jedyna rzeczą, o której my mężczyźni fantazjujemy jest inna kobieta. Nie ważne jak bardzo Cię kochamy, nie ważne jak bardzo jesteś piękna, nie ważne jak znakomita jesteś w łóżku. I tak będziemy fantazjować o innej. Będziemy fantazjować o naszych byłych, dziewczynach z liceum, które chcieliśmy zaprosić na randkę, ale nigdy nie wyszło, o przeciętnej urody koleżance z pracy, znanej aktorce lub dziewczynie z supermarketu. Zasadniczo będziemy prawdopodobnie fantazjować o każdej atrakcyjnej kobiecie, którą widzieliśmy lub pamiętamy. Zanim więc zaczniesz się obawiać, musisz koniecznie zrozumieć, że nasze fantazje, są „tylko fantazjami". Jeśli nawet nigdy nie przyszło nam do głowy Cię zdradzić, i tak będziemy fantazjować o innych kobietach. To nie zupełnie oznacza, że chcemy uprawiać z nimi seks, po prostu lubimy bawić się tą myślą. Za to, że zdradziłem sekret, Twój Partner będzie mnie prawdopodobnie nienawidził, ale taka jest prawda. Oto niektóre z fantazji opowiedziane przez moich męskich klientów oraz te, na których samemu się przyłapałem.

Złota Myśl

Fantazjujemy o innych kobietach. Nic na to nie poradzimy, tak już jest !!

Aby lepiej zrozumieć Twojego Mężczyznę zadaj sobie następujące pytanie: "czy byłabym z stanie spełnić jedną z następujących fantazji?" Zanotuj.

Seksowny kostium -

Kobieta w kostiumie Pielęgniarki, uczennicy, policjantki lub stewardessy. To tylko niektóre przebrania, które rozpalają męską fantazję. Podczas gdy mężczyźni nie interesują się modą w równym co kobiety stopniu, odpowiedni zestaw ubioru, może nas nakręcić. Dowiesz się jeśli go o to zapytasz. Tylko nie bój się pytać, on będzie zachwycony jeśli to zrobisz. Czy miałaś podobne doświadcznie lub jesteś ciekawa?

_____

_____

_____

_____

Sekrety, Których Mama Nie Powiedziała Ci o Mężczyznach™

Trójkąt miłosny -

Trójkąty miłosne mogą odnosić się do uprawiającego seks trio lub trzech romantycznych sposobów na związek. Z tym że, w dzisiejszych czasach trio bardziej kojarzy się z trojgiem osób uprawiających razem seks. Jest to bardzo popularna fantazja, i prawdą jest, że fantazjujemy o odbyciu stosunku seksualnego z wieloma kobietami jednocześnie. Wirtualnie, każdy heteroseksualny mężczyzna, będzie wracał do tej fantazji przynajmniej raz w życiu. I nawet jeśli nigdy się nie zrealizuje w rzeczywistości, wirtualnie jest bezkonkurencyjne. Czy sama miałaś podobne fantazje? A może rozważasz zrobić to ze swoim partnerem?

_____

_____

_____

_____

_____

Zobacz co robimy -

Połączenie tabu z angażowaniem w temat innych osób sprawia, że fantazje działają na wielu mężczyzn bardzo podniecająco. Zakazane owoce są zawsze atrakcyjne, zwłaszcza jeśli mowa o seksie. Kiedy mężczyznom nadarza się okazja, by publicznie dowartościować swoją sprawność seksualną, dla wielu jest to bardzo stymulujące.

Czy kiedykolwiek próbowałaś zostawić odsłonięte okno, tak, żeby inni widzieli? lub podczas domówki u znajomych, ktoś wchodzi do pokoju w momencie kiedy uprawiasz seks, a Ty nie zwracasz nawet uwagi i kontynuujesz?

Czy podobne pomysły przyszły Ci już do głowy?

_____

_____

_____

_____

Sekrety, Których Mama Nie Powiedziała Ci o Mężczyznach™

Różnica wieku, duża i mała -

Czasem to jest zwyczajnie kwestia gustu, a czasem pragnienia czegoś czego się nie ma, coś w rodzaju nostalgii. Jest dość powszechnym wypróbować doświadczyć tego raz lub więcej. Tak czy inaczej, mężczyźni często fantazjują o byciu z kobietą o znacznej różnicy wieku. Osiemnastolatek fantazjuje o kobiecie po czterdziestce, 54-latek o 18-letniej dziewczynie, itd.

Zapytaj siebie : " Czy sama spróbowałabym być z mężczyzną starszym lub młodszym o 20 lat?"

_____

_____

_____

_____

_____

_____

_____

Droga na południe -

Jeśli chodzi o sam akt seksualny, jedną z najbardziej popularnych męskich fantazji, jest uprawiać z kobietą seks oralny. Obydwa elementy, dawanie kobiecie przyjemności i stymulowanie własnych zmysłów poprzez smak i zapach, nadają tej fantazji charakter niezmiernie podniecający.

Z doświadczenia z wieloma kobietami wiem, że większość z Was tego nie lubi! Jeśli kobiety uwielbiają tę formę, to dlatego iż uważają, że przejmują kontrolę. Jeżeli nie, to jest to spowodowane doświadczeniami z przeszłości. Powiedz swojemu mężczyźnie jeśli lubisz felację i tego pragniesz.

_____

_____

_____

_____

Sekrety, Których Mama Nie Powiedziała Ci o Mężczyznach™

Zmiana scenerii -

Slogan "miejsce, miejsce, miejsce" może być mottem agencji nieruchomości, ale dla większości mężczyzn miejsce odgrywa ważną rolę w ich fantazjach erotycznych.

Zatem czy jest to plaża nocą, czy tylne siedzenie samochodu, słoneczny park letnią porą czy też kuchnia, seks w specyficznych miejscach jest jedną z najbardziej podniecających fantazji.

Czy przychodzi Ci na myśl kilka miejsc, gdzie chciałabyś się kochać?

_____

_____

_____

_____

_____

_____

Sekrety, Których Mama Nie Powiedziała Ci o Mężczyznach™

Oglądanie porno -

Często się mówi, że my mężczyźni jesteśmy wzrokowcami i ta fantazja tylko to potwierdza. Oglądać masturbującą się kobietę lub parę uprawiającą seks, jest jedną z ulubionych fantazji Twojego mężczyzny. Nie powinno to dziwić zważywszy na popularność filmów pornograficznych.

Zaproponuj partnerowi wspólne obejrzenie filmu porno. Wiele kobiet nie czuje się komfortowo, gdyż uważają, że ich ciało odbiega od kobiecych sylwetek z ekranu. Czy zaproponujesz to swojemu partnerowi czy może jest to dla Ciebie wyzwaniem?

_____

_____

_____

_____

_____

Sekrety, Których Mama Nie Powiedziała Ci o Mężczyznach™

Przejmowanie kontroli -

W społeczeństwie, które oczekuje od mężczyzn wykazywania się inicjatywą, nie powinno być szokujące jeśli wiele z nich fantazjuje właśnie o czymś przeciwnym a mianowicie, o oddaniu pełnej kontroli w ręce kobiety.

Tego typu fantazje mogą przyjmować różne formy, począwszy od zwykłego wydawania mężczyznom poleceń, przez krępowanie ich ruchów i przejmowanie pełnej kontroli przez kobietę.

Czy chcesz przejąć kontrolę? Jeśli odpowiedziałaś twierdząco, idźcie do sypialni i szczerze ze sobą porozmawiajcie.

_____

_____

_____

Podoba Ci się książka?

Śledź mnie na Twitterze

Moje konto: @Cvc4v #TheSexciseBook #CvPillay

"Podręcznik wspaniałego seksu"

Sekrety, Których Mama Nie Powiedziała Ci o Mężczyznach™

Wypróbuj

Na koniec, zanim wypowiesz swojemu Partnerowi wojnę, dobra rada. Nawet jeśli opisałem dość popularne fantazje, każdy mężczyzna jest inny. Najlepszym sposobem, aby dowiedzieć się o czym fantazjuje Twój Partner, jest rozmowa z nim. Nie snuj domysłów na podstawie przypadkowych artykułów w Internecie, nie jesteś jasnowidzem. Pamiętaj jednak o jednym. Niektóre fantazje lepiej pozostawić niespełnione.

___

___

___

___

___

Złota Myśl

Jeśli nie zapytasz, nigdy się nie dowiesz. Potem będziesz już wiedzieć czy to Ci odpowiada.

Sekrety, Których Mama Nie Powiedziała Ci o Mężczyznach™

Twoje cztery fantazje erotyczne:

1._____

2._____

3._____

4._____

Złota Myśl
W łóżku najlepszym lubryfikantem jest zaufanie.

Sekrety, Których Mama Nie Powiedziała Ci o Mężczyznach™

Jego cztery fantazje:

1. _____

_____

_____

_____

2. _____

_____

_____

_____

3. _____

_____

_____

_____

4. _____

_____

_____

_____

Podoba Ci się książka?

Wyślij mi swoje zdjęcie z książką na WhatsApp.

Mój numer: +(44) 778899 5678

Sekrety, Których Mama Nie Powiedziała Ci o Mężczyznach™

Szczerze ze sobą

1. Co było moim największym odkryciem podczas lektury tego rozdziału?

___

___

___

2. Co zamierzam zrobić po jego przeczytaniu?

___

___

___

3. Czego potrzebuje do realizacji swoich planów?

___

___

___

> ### *Złota Myśl*
> *Najgorszym z więzień, jest zamknięty umysł.*

Sekrety, Których Mama Nie Powiedziała Ci o Mężczyznach™

ODGRYWAĆ ROLE CZY NIE

Czy pamiętasz kiedy będąc dzieckiem, całymi godzinami się bawiłaś? Jak w wyobraźni stwarzałaś całkiem nowe historie i światy? Ale kiedy dorosłaś, przestałaś używać wyobraźni i stałaś się świadoma wielu zahamowań.

Opisane poniżej pomysły pozwolą Ci zwolnić trochę tempo. Możesz być przebojową Ty lub stać się inną osobą, która poszerzy granice Twojej seksualności. Oto kilka scenariuszy, które dla Ciebie opracowałem. Wypróbuj i baw się dobrze.

Zanotuj.

Złota Myśl

*Don't See The Change,
Be The Change In The Bedroom.*

Seks Coach i Klient -

Rzuć monetą, żeby przekonać się komu przypadnie rola Klienta.

Scenariusz: Seks Coach musi udać się w ustronne miejsce aby odebrać telefon od Klienta. Klient dzwoni pod pretekstem zasięgnięcia porady na temat *jak przypodobać się partnerowi* (Ty nim jesteś). Seks coach szczegółowo opisuje kilka sposobów (które Tobie bardzo przypadły do gustu). Aby zabawa była skuteczna, Klient musi zapisać wszystko co zostało powiedziane i zadać pytania jeśli cokolwiek nie jest wystarczająco jasne.

_____

_____

_____

_____

_____

_____

Sekrety, Których Mama Nie Powiedziała Ci o Mężczyznach™

Pan/Pani i Niewolnik -

Rzuć monetą, żeby przekonać się komu przypadnie rola Niewolnika.

Scenariusz: Po przydzieleniu ról, Niewolnik musi bez słowa wykonywać wszelkie wydane mu polecenia. Jedyną zasadą dobrej zabawy jest wykonywanie tylko jednego zadania. Jeśli Niewolnik będzie miał dosyć, może przestać (możesz użyć stopera lub ustalić hasło, na które zatrzymujesz grę). Musisz również wymieniać się rolami, aby każdy miał okazję zostać Niewolnikiem. A to, ponieważ się kochacie.

_____

_____

_____

_____

_____

_____

_____

Złota Myśl

Kocham Cię, wiesz o tym.

Sekrety, Których Mama Nie Powiedziała Ci o Mężczyznach™

Barman/Barmanka i Klient -

Rzuć monetą, żeby przekonać się komu przypadnie rola Barmana / Barmanki.

Scenariusz: Klient zamawia w barze drinka lecz absolutnie nie ma pieniędzy żeby zapłacić. Tak się składa, że Klient jest w typie Barmana / Barmanki, a on/ona będąc singlem, już nie pamięta, kiedy ostatnio raz uprawiał/a seks. Co ona/on zrobi w tej sytuacji? Zaproponuj zapłacić za drinka w XXX z Tobą w roli głównej lub podaj inne pomysły?

_____
_____
_____
_____
_____
_____

Złota Myśl

Zaufaj mi. Możesz sobie pozwolić na inwestycję w intymny związek.

Sekrety, Których Mama Nie Powiedziała Ci o Mężczyznach™

Sekstelefon -

Rzuć monetą, żeby przekonać się kto będzie dzwonić na Gorącą linię.

Scenariusz: Zainteresowany musi udać się w ustronne miejsce aby móc zadzwonić. Wybiera numer. Chce, aby Seks Operator rozpalił go pikantną opowieścią. W szczegółach będzie opowiadał o tym, jak powoli doprowadza Rozmówcę do szczytu. Aby ten sposób okazał się skuteczny, jedna strona musi opowiedzieć fantazję seksualną, o której Partner chciałby usłyszeć.

_____

_____

_____

_____

_____

_____

Złota Myśl
Myśl seksownie i bądź seksowną.

Sekrety, Których Mama Nie Powiedziała Ci o Mężczyznach™

Wykładowca i Student / Studentka -

Rzuć monetą, żeby przekonać się komu przypadnie rola Wykładowcy.

Scenariusz 1: Surowa pani Profesor karze niegrzecznego ucznia za notoryczne złe zachowanie. Za karę, nakazuje Ci kilkakrotnie napisać wszystkie sprośne zdania i przeczytać je na głos. Jeśli da Ci klapsa, lepiej przyjmij to z godnością, jak na Mężczyznę przystało.

Scenariusz 2: Ubrana w mini spódniczkę studentka odmawia podporządkowania się przepisom o szkolnych mundurkach. Wobec czego zostaje wysłana do przełożonego wykładowcy, który przekładając ją przez kolano wymierza przyjemną formę dyscypliny.

_____
_____
_____
_____

Sekrety, Których Mama Nie Powiedziała Ci o Mężczyznach™

Policjant i Złodziej -

Rzuć monetą, żeby przekonać się komu przypadnie rola Złodzieja.

Scenariusz 1: Podczas próby włamania się do domu (torba z łupem i maska opcjonalne), zostałaś przyłapana na gorącym uczynku przez bardzo przystojnego policjanta, stróża prawa (obowiązkowo minimalistyczny mundur policyjny). Aby uniemożliwić Ci ucieczkę, przykuł Cię kajdankami do ramy łóżka i przed rozpoczęciem przesłuchiwania, zawiązał oczy. Następnie zaczyna droczyć się ze Złodziejem, szeptając na ucho o tym co zaraz zacznie mu robić, gdzie go będzie dotykać podczas gdy Złodziej jest zupełnie bezbronny.

Scenariusz 2: Zamieńcie się rolami, Złodziej staje się Tajniakiem i po tym jak wcześniej Policjant się już z Tobą zabawił, teraz sam Glina znalazł się w opałach sam na sam z Tobą.

Sekrety, Których Mama Nie Powiedziała Ci o Mężczyznach™

Szczerze ze sobą

1. Co było moim największym odkryciem podczas lektury tego rozdziału?

_____

_____

_____

_____

2. Co zamierzam zrobić po jego przeczytaniu?

_____

_____

_____

_____

3. Czego potrzebuje do realizacji swoich planów?

_____

_____

_____

_____

Złota Myśl

Najgorszym z więzień, jest zamknięty umysł.

Sekrety, Których Mama Nie Powiedziała Ci o Mężczyznach™

CZAS NA PYTANIA I ODPOWIEDZI

Przeczytaj i odpowiedz Tak lub Nie? oraz Dlaczego? Tu nie ma złych odpowiedzi. Celem tego rozdziału jest porównać Twoje poglądy na seks, z tymi Twojego Mężczyzny. Zapisanie odpowiedzi urzeczywistni Wasze poglądy i pomoże ich zrozumieniu. Jeśli nie masz partnera, tą sekcję możesz uzupełnić również w pojedynkę, patrząc w lustro.

> ***Złota Myśl***
> *Prawdziwie możesz kłamać tylko jednej osobie, Samej sobie.*

Czas na Ciebie

1. Widząc swoje nagie ciało niczego nie odczuwam.

_____

_____

2. Seks bez miłości nie daje mi satysfakcji.

3. Bardzo trudno się podniecam.

4. Myślę o seksie kilkakrotnie w ciągu dnia.

5. Podniecam się na myśl o orgii.

6. Zdarza mi się mieć wyrzuty sumienia po odbyciu stosunku.

7. Miałam pewne złe doświadczenia seksualne.

Sekrety, Których Mama Nie Powiedziała Ci o Mężczyznach™

8. Podniecam się oglądając filmy porno.

_____

_____

_____

_____

> ***Złota Myśl***
> *Prawdziwie możesz kłamać tylko jednej osobie,*
> *Samemu sobie.*

<u>Czas na Twojego Mężczyznę</u>

1. Widząc swoje nagie ciało niczego nie odczuwam.

_____

_____

_____

_____

2. Seks bez miłości nie daje mi satysfakcji.

_____

3. Bardzo trudno się podniecam.

4. Myślę o seksie kilkakrotnie w ciągu dnia.

5. Podniecam się na myśl o orgii.

6. Zdarza mi się mieć wyrzuty sumienia po odbyciu stosunku.

7. Miałem pewne złe doświadczenia seksualne.

8. Podniecam się oglądając filmy porno.

Sekrety, Których Mama Nie Powiedziała Ci o Mężczyznach™

Szczerze ze sobą

1. Co było moim największym odkryciem podczas lektury tego rozdziału?

_____

_____

_____

_____

2. Co zamierzam zrobić po jego przeczytaniu?

_____

_____

_____

_____

3. Czego potrzebuje do realizacji swoich planów?

_____

_____

_____

_____

> ### *Złota Myśl*
> *Najgorszym z więzień, jest zamknięty umysł.*

Sekrety, Których Mama Nie Powiedziała Ci o Mężczyznach™

ZŁOTE MYŚLI

Nadszedł czas na podsumowanie moich złotych myśli. Możesz się nimi dzielić do woli, ale proszę dodaj obok wzmiankę (#CvPillay).

Dorzuciłem numery stron na wypadek gdybyś chciała ponownie przeczytać dany fragment.

Strona 4:

Nie możesz zmienić swojej przeszłości lecz...

Możesz zmienić swoją przyszłość.

Strona 5:

Nasze Drogi Nie Zeszły Się Przypadkowo.

Strona 10:

Nie kończenie czego zacząłeś, jest jak otwarcie prezerwatywy i nie użycie jej.

Strona 14:

Przy braku akcji, nawet zwycięstwo nie przyniesie owoców.

Strona 16:
Twoje życie seksualne składa się z wyborów
I z tego, co cenisz najbardziej.

Strona 19:
Abstynencja w łóżku, to jak samochód bez kół. Nikt nigdzie nie pojedzie.

Strona 22:
Nigdy na Mężczyznę nie patrz z góry, chyba że leży między Twoimi nogami.

Strona 22:
Gdyby życie było wyścigiem:
Jeśli będziesz mówić mi jak mam przez nie przebiec,
To pewnego dnia mogę wybiec z Twojego.

Strona 25:
Where Energy Flows, Victory Grows.

Strona 27:
Największym błędem będzie oddanie innej kobiecie szansy na cudowny seks z Twoim Mężczyzną.

Strona 28:
Pierwszy błąd jaki popełniasz, to ten twierdząc, że nie popełniasz żadnego.

Strona 30:
Zmień myślenie a to zmieni Twoją Energię seksualną.

Strona 31:
Sex Is One Of Time And Nature's Masterpiece.

Strona 33:
Twój Mężczyzna pragnie się Tobie przypodobać!

Strona 34:
Treat Me Right And You Will See The Light, Treat Me Wrong And You Will Be Gone.

Strony 35, 54, 61, 65, 68, 77, 82, 89, 103, 111, 118:
Najgorszym z więzień, jest zamknięty umysł.

Strona 40:
Nikt nie wyzwala w nas złości. My sami wybieramy złość w odpowiedzi na daną sytuację.

Strona 121
"Podręcznik wspaniałego seksu"

Sekrety, Których Mama Nie Powiedziała Ci o Mężczyznach™

Strona 44:

Jeśli chcesz czegoś nowego, musisz zrobić coś nowego.

Strona 46:

Jeśli Twoje życie seksualne jest dla Ciebie ważne... Znajdziesz czas. Jeśli nie, znajdziesz wymówkę.

Strona 47:

Nikt za Ciebie nie osiągnie zwycięstwa.

Strona 50:

Dzielenie się jest seksy

Strona 52:

Największym prezentem, który możesz sprawić swojemu pożyciu, jest Twoja uwaga.

Strona 53:

Kama Sutra Is When Fate Fucks You In All Sorts Of Creative Sexual Ways.

Strona 57:

Jeśli pragniesz wspaniałego seksu, Musisz postarać się o to pierwsza.

Strona 122
"Podręcznik wspaniałego seksu"

Sekrety, Których Mama Nie Powiedziała Ci o Mężczyznach™

Strona 59:

To niesamowite móc zachowywać się jak dziecko i mieć przeświadczenie, że nic nie stoi Ci na przeszkodzie.

Strona 60:

Jesteś w 100% odpowiedzialna za swoją energię seksualną.

Strona 62:

Twoje życie seksualne już nigdy nie będzie takie samo.

Strona 64:

Nie naśladuję stylu seksy. Jestem seksy.

Strona 69:

Zapamiętajcie to Panie, Blowjob dla waszego Mężczyzny, to jak dla Was kwiaty.

Strona 75:

Spitters Are Quitters.

Strona 88:

To nie jest dieta, to się nazywa seksowne żywienie.

Strona 123
"Podręcznik wspaniałego seksu"

Sekrety, Których Mama Nie Powiedziała Ci o Mężczyznach™

Strona 91:

Fantazjujemy o innych kobietach. Nic na to nie poradzimy, tak już jest!!

Strona 100:

Jeśli nie zapytasz, nigdy się nie dowiesz. Potem będziesz już wiedzieć czy to Ci odpowiada.

Strona 101:

W łóżku najlepszym lubryfikantem jest zaufanie.

Strona 104:

Don't See The Change, Be The Change In TheBedroom.

Strona 106:

Kocham Cię, wiesz o tym.

Strona 107:

Zaufaj mi. Możesz sobie pozwolić na inwestycję w intymny związek.

Strona 108:

Myśl seksownie i bądź seksowną.

Strona 124
"Podręcznik wspaniałego seksu"

Sekrety, Których Mama Nie Powiedziała Ci o Mężczyznach™

Strona 112:
Prawdziwie możesz kłamać tylko jednej osobie, Samej sobie.

Strona 115:
Prawdziwie możesz kłamać tylko jednej osobie, Samemu sobie.

Strona 128:
Nasze Drogi Nie Zeszły się Przypadkowo.

Złota Myśl
Twój sukces zależy od tego, co robisz dzisiaj.

Dodaj lub Przeczytaj Opinie o Książce

Wejdź na : *www.Amazon.co.uk* i wpisz w wyszukiwarkę: *Cv Pillay*. Zostaw proszę swój komentarz jakkolwiek dobry by nie był.

Sekrety, Których Mama Nie Powiedziała Ci o Mężczyznach™

KURTYNA ZAPADŁA

Nasza podróż przez „Sekrety, których Mama nie powiedziała Ci o Mężczyznach™", dobiegła końca. Mam nadzieję, że książka wzbudziła Twoje zainteresowanie i była godna przeczytania. Mam również nadzieję, że podobały Ci się opisane przeze mnie ćwiczenia.

Chciałbym pracować z Tobą, aby pomóc Ci pokonać wszelkie wyzwania, jakich możesz doświadczać. Zadzwoń aby zarezerwować pół-dniową sesję Intensive SuccSex Coaching lub, jeśli jesteś na tyle śmiała, zarezerwuj mnie na weekend w wybranym przez Ciebie miejscu: +(44) 778899 5678 Pozwolę sobie jeszcze raz podziękować wszystkim osobom, które pomogły mi wydać tę książkę a przede wszystkim TOBIE, która ją czytasz.

Cv Pillay

28 Grudzień 2015, Londyn *(Wersja polska)*

Sekrety, Których Mama Nie Powiedziała Ci o Mężczyznach™

DZIELENIE SIĘ JEST TERAZ SEKSY

Czy podobała Ci się książka? Jeśli tak, chcę prosić Cię abyś powiedziała o niej innym. Założę się, że masz mailową listę przyjaciół i znajomych. A może wyślij grupowego maila z informacją o tej książce. Śmiało komentuj o niej na Facebooku, Twitterze, Instagramie, Google lub innych mediach społecznościowych, których używasz. Podpisz swój egzemplarz, aby ludzie wiedzieli, że jest Twoją własnością i zostaw go w widocznym miejscu gdzie pracujesz, bawisz się, spotykasz ludzi. Może być dobrym tematem do rozpoczęcia rozmowy. A może masz znajomych lub kontakty w mediach? Powiedz im o książce. Być może zainspiruje ich do napisania artykułu lub zrobienia filmu! (Jestem dostępny pod telefonem.) Pracujesz dla czasopisma lub w PR? chciałbym przeczytać Twoją recenzję. Jeśli chcesz być na bieżąco, oto moje dane.

Sekrety, Których Mama Nie Powiedziała Ci o Mężczyznach™

DZIĘKUJĘ!

Cv Pillay

SuccSex Guru™ Celebrytów

Bestsellerowy Autor & Laureat Nagrody

"The What Women Want to Know Authority"

Mówca motywacyjny o międzynarodowej sławie

Finalista Konkursu na Przedsiębiorcę Roku

2015 w RPA

Scenarzysta

Złota Myśl

Nasze Drogi Nie Zeszły się Przypadkowo.

"Podręcznik wspaniałego seksu"

NOTATKI

NOTATKI

www.ingramcontent.com/pod-product-compliance
Lightning Source LLC
Chambersburg PA
CBHW061417300426
44114CB00015B/1975